UNSER KIND KOMMT IN DIE KRIPPE

Antje Bostelmann & Michael Fink

WAS ELTERN JETZT WISSEN MÜSSEN

BANANENBLAU

IMPRESSUM

AUTOREN

Antje Bostelmann & Michael Fink

FOTOS

Barbara Dietl – www.dietlb.de

GESTALTUNG

Armin Friedel – www.friedeldesign.de

DRUCKEREI

Printmanagement impress media GmbH

Heinz-Nixdorf-Straße 21, 41179 Mönchengladbach

Gedruckt auf chlorfrei gebleichtem Papier

VERLAG

Bananenblau – Der Praxisverlag für Pädagogen

E-Mail: info@bananenblau.de

www.bananenblau.de

BANANENBLAU

ISBN 978-3-946829-03-4

Die Fotos wurden in der Klax Krippe Sonnenhaus in Berlin aufgenommen.

WAS ELTERN JETZT WISSEN MÜSSEN

UNSER KIND KOMMT IN DIE KRIPPE

BANANENBLAU

Antje Bostelmann & Michael Fink

Vorwort

Liebe Eltern,

Seit Ihr Baby auf der Welt ist, hat sich vieles in Ihrem Leben verändert. Das kleine Wesen ist mit seinem Lachen, seinen Bedürfnissen und manchmal auch mit Geschrei und Sorgen in den Mittelpunkt Ihres Lebens gerückt. Ein alter Spruch, den man gerne auf Glückwunschkarten zur Geburt schreibt, lautet: „Ein kleiner Mensch bringt neues Licht in das Leben einer Familie.“ Wahrscheinlich werden Sie genau diese Erfahrung gemacht haben, etwa wenn Ihr Kind Sie zum Lachen gebracht oder Sie mit einer neu erworbenen Fähigkeit überrascht hat. Die rasche Entwicklung der kleinen Kinder erfüllt uns Erwachsene mit Staunen und mit Glück. Die großen fragenden Augen, das neugierige Erkunden der Welt, die ersten Versuche, die Dinge allein zu meistern, zu krabbeln, zu laufen, zu essen, werden zu unseren persönlichen Wundern, die die Bande zwischen uns Eltern und unserem Baby enger und enger knüpfen.

Neben aller Freude und Rührung, die in unser Leben kommt, haben diese ersten Jahre unter unserer Obhut einen evolutionären Zweck. Der kleine Mensch ist uns quasi mit dem Auftrag gegeben worden, ihn zur Selbstständigkeit zu führen, bis er uns verlassen kann, um auf eigenen Beinen zu stehen. Wir Eltern werden, gemessen an der Lebenszeit des Menschen, nur kurz gebraucht. Nur am Anfang ist das Behüten, das Um- und Versorgen unsere Aufgabe. Schon bald wandelt sich unsere Rolle in die des Begleiters und „In-die-Welt-hinaus-Helfers“. Wie Vogeleltern, deren wichtigste Aufgabe es am Ende ist, den Jungen das Fliegen beizubringen, lehren wir unsere Kinder, sich alleine in der Welt zurechtzufinden.

Einen ersten, wichtigen Schritt in Richtung Unabhängigkeit haben Sie als Eltern vollzogen, wenn Sie sich entschieden haben, Ihr Kind in einer Krippe anzumelden. Mit den ersten Tagen in der Krippe steht Ihnen wie Ihrem Kind ein neuer Lebensabschnitt bevor, der das Familienleben erheblich verändert. Wir vermuten, dass Ihnen die Entscheidung, ob Ihr Kind jetzt – oder vielleicht sogar überhaupt – in die Krippe soll, nicht leicht gefallen ist. Es gibt schließlich viele Aspekte zu bedenken: Ist unser Kind nicht noch zu klein, um es irgendwo abzugeben? Braucht es uns Eltern nicht noch viel zu sehr, als dass wir es den ganzen Tag in einer Krippe lassen können? Solche Zweifel werden verstärkt durch die heftige Mediendiskussion zum Für und Wider von Krippen. Dieses Hickhack der Politiker um die Bildung und Betreuung der ganz Kleinen in unserem Land verwirrt Eltern wie Pädagogen gleichermaßen – und nicht wenige Eltern, die verzweifelt nach einem Krippenplatz für ihr Kind suchen, fühlen sich durch die immer gleiche Fragestellung, ob denn das alles nötig und richtig ist, angegriffen oder zumindest verunsichert.

Dabei ist die Frage „Geht es meinem Kind in der Krippe gut?“ zentral. Aber die Antwort darauf kann eben nicht die Grundsatzfrage sein, ob man es besser daheim ließe. Stattdessen sollten wir uns mehr damit beschäftigen, wie denn eine Krippe sein muss, damit es unseren Kindern gut geht. Hier besteht eine Menge Diskussionsbedarf: Wie sehen gute Krippen aus? Was gehört zum Berufsbild einer modernen Krippenerzieherin? Welche Räume und Materialien brauchen Krippenkinder? Oft genug erleben wir, dass gerade ambitionierte Eltern etwas ratlos vor solchen Fragen stehen. Unser Buch soll gerade hier einen Beitrag liefern und Sie als Eltern befähigen, die Krippe Ihres Kindes zu verstehen und deren Arbeit kritisch begleiten zu können. Oft genug fehlt im hektischen Alltag die Gelegenheit, über Grundsatzfragen der Arbeit in der Krippe mit den Erzieherinnen oder der Krippenleitung zu sprechen. Und natürlich geht in diesem Lebensabschnitt – wie auch später im Kindergarten, in der Schule usw. – nicht alles glatt, aber in den allermeisten Fällen sind die Probleme lösbar. Wir möchten mit diesem Buch dazu beitragen, dass Ihr Krippenalltag gelingt.

In den folgenden Kapiteln wird es darum gehen, wie Sie die richtige Krippe finden, worauf es bei der Eingewöhnung ankommt und welche Entwicklungsstufen Krippenkinder durchlaufen. Ausgangspunkt sind jeweils Elternfragen, wie wir sie im Rahmen unserer Tätigkeit vielfach beantwortet haben. Die Zusammenarbeit mit den Erzieherinnen ist uns dabei mehr als nur eine Erwähnung wert, ist doch das gute Einvernehmen aller Menschen, die dem

Kind nahestehen, das Ringen um seine bestmögliche Betreuung, ein wichtiger Baustein für eine gelungene Entwicklung. Die Frage danach, was ein Kind den ganzen Tag in der Krippe tut, wird genauso beantwortet wie die nach dem Übergang in den Kindergarten. Am Ende vieler Kapitel geben wir Hinweise darüber, was Sie als Eltern tun können, um Ihr Krippenkind zu unterstützen, damit es gern in die Krippe geht und so auch Ihren Alltag froher macht.

Wenn Sie gemeinsam als Familie gut in der Krippe angekommen sind, genießen Sie diese spannende Zeit, in der Kinder wie Eltern Neues lernen, neue Menschen kennenlernen und viele Erfahrungen machen, an denen beide wachsen und durch die die Familie gestärkt wird. Bedenken Sie: Fröhliche Krippenkinder haben gute Chancen, starke Kindergartenkinder und zufriedene, schlaue Grundschüler zu werden.

Wir wünschen Ihnen
viel Spaß beim Lesen

Antje Bostelmann
und
Michael Fink

Auf der Suche: Wie Sie eine gute Krippe finden

Welche Krippe passt zu meinem Kind?

Dass wir für Sara eine Betreuung haben wollen, bei der sie mit anderen Kindern zusammenkommt, ist uns sonnenklar – aber das war's dann auch schon mit der Klarheit bei all den unterschiedlichen Krippenformen und -konzepten. Woher soll ich wissen, welche Art Einrichtung gut für mein Kind ist?

Welche Krippe ist richtig für mein Kind? Für Eltern mit dem ersten Kind ist es nicht einfach, die passende Krippe zu suchen, denn meistens fehlen ihnen Kriterien, um deren Qualität zu beurteilen. Also ist man zunächst auf Hörensagen angewiesen – und auf die eigene Intuition. Auf die ist aber gerade in dieser Lebensphase manchmal kein Verlass. Die starke Bindung zwischen Eltern und Kind führt oft dazu, dass es schwerfällt, das kleine Kind loszulassen. Nicht selten weinen Eltern in der Eingewöhnungszeit in der Krippe, während das Kind im besten Fall schon auf dem Weg ist, den Krippenalltag zu genießen. Oder sie zweifeln in unruhigen Nächten, ob sie ihr Kind nicht besser doch zu Hause lassen sollten. Die starke emotionale Bindung zwischen Eltern und Kindern erschwert oftmals den unvoreingenommenen Blick auf die Krippe.

Dass viele Eltern die Institution Krippe erst einmal kennenlernen müssen, werden Sie in der Zeit nach der Entscheidung merken. Es kann Ihnen passieren, dass Sie schon am ersten Tag alles in der Krippe ganz furchtbar finden. Überprüfen Sie diesen Eindruck intensiv an der Realität. Handeln Sie in dieser Situation nicht voreilig und warten Sie ein wenig, bevor Sie Ihre Entscheidung zu bereuen beginnen. In der Krippe brauchen Eltern oft mehr Zeit als Kinder, um sich an die neue Situation zu gewöhnen.

Was hilft? Sich schlaumachen. Ein paar Fakten und Entscheidungshilfen haben wir in diesem Kapitel zusammengetragen. Den Rest müssen Sie erledigen, indem Sie sich in Gesprächen mit der Leitung und den Erzieherinnen einen genauen Eindruck von der Krippe machen. Lassen Sie sich sowohl bei der Auswahl der Krippe als auch im Zusammenhang mit der Eingewöhnung alles so genau erklären, bis Sie es verstanden haben: Wie muss ich mir das in der Konzeption Benannte praktisch vorstellen? Wie sind alltägliche Abläufe geregelt? Riskieren Sie ruhig, dass die Pädagogen Sie vielleicht als detailversessene Nervensäge wahrnehmen: Es ist Ihr Recht, sich ein gutes Gefühl für die Krippe Ihres Kindes zu verschaffen, indem Sie alle Ihre Fragen einmal gestellt haben. Je mehr Sie jetzt schon geklärt haben, desto gelassener können Sie danach die Betreuung Ihres Kindes begleiten!

Es ist ein wenig so, als ob man zum ersten Mal einen richtig guten Wein kaufen will, aber einfach nicht weiß, was für ein Geschmack sich hinter den wohlklingenden Trauben- und Lagenbezeichnungen verbirgt: Die Vielfalt an Betreuungsformen und -konzepten für Kleinkinder, die vor allem in Städten existiert, macht es jungen Eltern oft schwer, sich für die passende Einrichtung zu entscheiden. Vor allem, weil man ja kaum weiß, wie sich das eigene Kind in Bezug auf außerhäusige Betreuung verhält: Kommt Sara gut mit einer großen Gruppe von Kindern klar, braucht sie Tage daheim und in der Einrichtung im Wechsel, ist sie empfänglich für Montessori-Elemente oder läge ihr eher eine bewegungsorientierte Einrichtung?

Wie bekommen Sie heraus, welche Einrichtung zu Ihrem Kind passt? Bevor Sie das Angebot an infrage kommenden Einrichtungen sichten, ist es gut, erst einmal Ihr Kind genauer als sonst zu beobachten, um sich ein Bild von seiner Entwicklung und seiner Persönlichkeit zu machen: Was kann es schon? Wie reagiert es in neuen Situationen, gegenüber Fremden? Ist es eher ängstlich oder forsch? Spielt es aufgeschlossen mit anderen Kindern? Geht es Risiken ein? Kann es schon ein wenig allein sein? Diese und ähnliche Fragestellungen helfen Ihnen, die Bedürfnisse Ihres Kindes einzuschätzen, um nun aus den möglichen Betreuungseinrichtungen die für Ihr Kind passende herauszufiltern. Grundsätzlich empfehlen wir Ihnen, neben dem vermutlich obligatorischen Studieren von Homepages und Hauskonzepten, auf jeden Fall kurze Besuche in allen infrage kommenden Einrichtungen: „Ich möchte mir gerne einmal einen kleinen Eindruck bei Ihnen verschaffen!“ Intuitiv bekommt man besser mit als beim Konzeptlesen, ob das, was die Erzieherinnen da tun, der eigenen Vorstellung von einem guten Miteinander von Klein und Groß entspricht. Besuchen Sie ruhig so viele Einrichtungen wie möglich, denn das erhöht Ihre Urteilsfähigkeit, wo es Ihnen besser gefällt als anderswo – so, als ob Sie dem verunsichernden Weinkauf eine kleine Verkostung voranstellen.

Wahrscheinlich kann Ihnen das in den meisten Einrichtungen ausgehändigte Hauskonzept zunächst keinen plastischen Eindruck von der praktischen Arbeit geben. Lassen Sie sich ruhig Kernsätze aus dem Konzept an Beispielen erklären: „Woran sehe ich, dass bei Ihnen ‚mit allen Sinnen' gelernt wird?". Gut klingende Konzepte hat fast jede Einrichtung – aber es gibt neben Beispielen für eine hervorragende Umsetzung eben auch Lippenbekenntnisse, hinter denen sich eine fragwürdige Praxis verbirgt.

Ein aus unserer Sicht wichtiger, oft unterschätzter Faktor ist die Sache mit der Zeit: Wähle ich eine Einrichtung mit langer oder kurzer Betreuungszeit? Zu Anfang finden Sie es wahrscheinlich sympathischer, Ihr Kind nur so kurz wie nötig zu bringen, sodass Ihnen eine Einrichtung mit kurzen Betreuungszeiten ausreicht. Doch diese Entscheidung trägt in vielen Fällen nicht, wenn das Kind erst einmal erfolgreich eingewöhnt ist und länger bleiben möchte, als Sie anfangs dachten: In Ganztagseinrichtungen kann man sein Kind jederzeit früher holen, wenn man die Zeit hat, aber in Halbtagskrippen kann man es nicht länger dalassen, wenn man die Zeit anderweitig braucht. Für Kleinkindeltern, die in der Regel mit Zeitmangel zu kämpfen haben, kann eine zu knapp ausgewählte Betreuungszeit eine dauerhafte Belastung sein, gerade auch in Bezug auf die eigene Berufstätigkeit und auf Absprachen mit dem Partner.

Auch die Frage der Entfernung der Einrichtung sollte gut überlegt sein. Zunächst mag es ganz selbstverständlich für Sie klingen, dass Sie Ihr Kind der besten Betreuung zuliebe jeden Tag eine Stunde durch die Gegend kutschieren – auf lange Sicht kann das eine starke Beeinträchtigung werden. Und diese Zeit könnten Sie auch besser für Ihr Kind nutzen.

TIPP: AUF WAS MUSS ICH ACHTEN?

- *Macht die Einrichtung auf mich einen sympathischen Eindruck?*
- *Lassen die angebotenen Betreuungszeiten sich gut mit meinem/ unserem Zeitbedarf vereinbaren?*
- *Sind die Wege zur Krippe zu schaffen?*
- *Wirken die in der Institution angetroffenen Eltern auf mich grundsätzlich sympathisch?*
- *Entspricht das Konzept grundsätzlich meiner Vorstellung von Erziehung?*
- *Habe ich das Gefühl, als Vater oder Mutter mit meinen individuellen Sorgen, Bedürfnissen und Vorschlägen ernst genommen zu werden?*
- *Gefällt mir grundsätzlich, wie die Erzieher mit den Kindern reden und umgehen?*
- *Spürt man, dass die Kinder eine enge Beziehung zu den Erzieherinnen und Erziehern haben?*
- *Habe ich das Gefühl, dass der Tagesablauf den individuellen Bedürfnissen meines Kindes gerecht wird?*
- *Haben die Kinder verschiedenste Möglichkeiten zum Spielen?*
- *Finde ich, dass die pädagogischen Ziele dem Alter der Kinder entsprechen?*
- *Empfinde ich die Gestaltung der Räume als kindgerecht und pädagogisch durchdacht?*

IM ÜBERBLICK: KRIPPENFORMEN

Krippe oder Kita mit Nestraum, Altersmischung oder nicht, offene Arbeit oder Gruppen? Es gibt unterschiedliche Formen der Kleinkindbetreuung, gerade hinsichtlich der Frage, mit welchen anderen Kindern ein Kind den Tag verbringt. Jede dieser Betreuungsformen hat besondere Vorzüge und Nachteile – entscheiden Sie aufgrund seiner Eigenschaften, was zu Ihrem Kind passt! Die wichtigsten Formen sind:

Krippen mit altershomogenen Gruppen

In einer reinen Kinderkrippe sind nur Kinder unter drei Jahren. Die Kinder gehören je nach ihrem Alter Gruppen an, es gibt also Gruppen mit ausschließlich kleinen, mittleren und großen Kindern.

Vorteile:

- Die Erzieherinnen haben eine enge Bindung zu den Kindern ihrer Gruppe. Sie können Angebote machen und Materialien bereitstellen, die optimal zu den Bedürfnissen der Altersgruppe passen.
- Weil die verschiedenen Gruppen innerhalb der Krippe nicht oder nur selten aufeinandertreffen, ist der Alltag im Gruppenraum vergleichsweise überschaubar und ruhig.

Nachteile:

- Die Kinder erleben ältere oder jüngere Krippenkinder nur, wenn es offene Phasen gibt, in denen die Kinder im Haus zusammentreffen. Ältere Kinder ab drei Jahren erleben sie nicht.
- Die Kinder erleben nur diese eine (oder zwei) Erzieherinnen, und wenn die Beziehung zueinander nicht passt, ist es schwierig für das Kind.
- Wenn die Gruppenerzieherin nicht da ist, entsteht für die Kinder eine ungewohnte Situation.

Kindertagesstätten mit Nesträumen

In der Einrichtung werden Kinder von null Jahren bis zum Schuleintritt betreut. Für die Betreuung der Kinder unter zwei (oder unter drei) Jahren steht ein gesonderter Nestraum zur Verfügung.

Vorteile:

- Die Kinder erleben Vertrautheit und Sicherheit in der Gruppe.
- Die Kinder erleben während offener Phasen im Haus ältere Kinder.

Nachteile:

- Außerhalb des Nestraums, zum Beispiel im Garten oder in den Gemeinschaftsräumen, sind Raumverhältnisse und Material nur bedingt an die Bedürfnisse von Kleinkindern angepasst.
- Die Kleinkindgruppe führt ein ziemlich isoliertes Dasein innerhalb eines Hauses, das sich in vielerlei Hinsicht eher auf die Bedürfnisse von größeren Kindern einstellt.

Kindertagesstätten mit Altersmischung

In der Einrichtung werden Kinder von null Jahren bis zum Schuleintritt in einer offenen Gruppe betreut.

Vorteile:

- Von Anfang an erleben die Kleinen Kinder aller Altersstufen und können sich von ihnen inspirieren lassen.
- Die Kinder genießen von Anfang an Freiraum im Haus.

Nachteile:

- Raum und Material sind oft nur bedingt an die Bedürfnisse von Kleinkindern angepasst.

- In vielen Fällen dominieren die älteren Kinder das Geschehen, während die Kleinen sich einfügen müssen.
- Bei schlechter Personalausstattung oder überforderten Erziehern entsteht schnell eine unruhige Atmosphäre.

Zusammengefasst

1. Beobachten Sie Ihr Kind genauer als sonst: Was kann es schon? Wie reagiert es in neuen Situationen? Spielt es mit anderen Kindern? Daran erkennen Sie, ob es mit einer großen Gruppe klarkommt, ob es empfänglich für Montessori-Elemente ist oder eher eine bewegungsorientierte Einrichtung braucht.

2. Machen Sie kurze Besuche in den Einrichtungen. Lassen Sie sich Kernsätze aus dem Konzept an Beispielen erklären: „Woran sehe ich, dass bei Ihnen ‚mit allen Sinnen' gelernt wird?"

3. Wählen Sie die vereinbarte Betreuungszeit nicht zu knapp aus, das kann zu Stress führen.

4. Die Krippe sollte nicht zu weit entfernt sein. Im Alltag wird das auf lange Sicht zu einer starken Beeinträchtigung.

Konzepte der Frühbetreuung

Mir ist es wichtiger, dass die Krippe gut arbeitet, als irgendeinem Superansatz zu folgen, der mir nichts sagt. Außerdem kommen mir manche Ansätze irgendwie zu einseitig vor. Ist es nicht viel wichtiger, dass Erzieher auf ihr Gefühl hören, wie man die Kinder erzieht, als irgendeinem Pädagogikidol nachzueifern?

Menschen erziehen seit Urzeiten Kinder. Wir verfügen über ein unglaubliches Erfahrungswissen, wie man Kinder erfolgreich großziehen kann, außerdem über eine angeborene Fähigkeit, sich auf deren Bedürfnisse einzustellen. Da erscheint die Frage, ob es denn unbedingt pädagogische Vordenker und wohlklingende Konzeptnamen braucht, berechtigt.

Klare Antwort: Es ist unendlich wichtig, dass Erzieherinnen viel über pädagogische Ideen erfahren haben und immer wieder nachdenken, ob ihr Handeln einem pädagogischen Ansatz entspricht, dem sie sich verpflichtet fühlen. Ihr Wissen und die ständige Reflexion über pädagogische Methoden verhindert vor allem, dass Erzieherinnen einfach nur die selbst erfahrene Erziehung an den zu betreuenden Kindern wiederholen. Tatsächlich kann man so etwas in (schlechten!) Einrichtungen beobachten, und Sie erkennen es gut daran, wenn Ihnen auf die Frage, warum denn eine Sache auf eine bestimmte Weise geregelt ist, geantwortet wird: „Das macht man eben so." Gut, dass bekannte und unbekannte Pädagogen diesem unreflektierten Handeln klare Grundsätze entgegengesetzt haben, wie man nach ihrer Auffassung ein Kind behandeln und unterstützen soll, damit es sich gut und glücklich entwickelt. Oft sind es einfache Grundsätze, die das Denken der Menschen Kindern gegenüber in eine neue Richtung lenken konnten – zum Beispiel Maria Montessoris Satz „Hilf mir, es selbst zu tun!", mit dem sie vielen Menschen klargemacht hat, dass Kinder von früh an nach Selbstständigkeit streben.

Dennoch ist es nicht verkehrt, ein wenig kritische Distanz zu wahren, wenn Einrichtungen sich allzu salbungsvoll auf einen großen Ansatz oder Vordenker beziehen: Schaut man genau hin, wird schnell klar, dass sich die meisten der aktuellen Ansätze und Konzepte in wesentlichen Grundgedanken ähneln. Sie alle wurzeln in einem Verständnis von Erziehung, das sich schon im frühen 19. Jahrhundert entwickelte und bei dem das Kind im Mittelpunkt pädagogischen Denkens steht. Dessen Potenziale gilt es zu erkennen, und um sich gut zu entwickeln, braucht das Kind bestimmte anregende Materialien, einen kindgerechten Rahmen und eine gute und stabile Beziehung zu einem Erwachsenen. Diese schon von Friedrich Fröbel propagierten Grundsätze prägen bis heute alle ernst zu nehmenden Konzepte.

Im Grunde ergänzen all diese Konzepte und Ideen sich hervorragend. Sie sind Ausdruck der pädagogischen Grundhaltung unserer Zeit, in deren Mittelpunkt die Förderung der individuellen Kompetenz steht. Wir können Sie also beruhigen, dass es eigentlich gar nicht die entscheidende Frage ist, für welchen Ansatz Sie sich entscheiden. Viel entscheidender ist es, wie gut die Krippe die hinter einem dieser Konzepte stehenden Grundsätze im Alltag umsetzt. Ein Ausrufezeichen möchten wir an dieser Stelle aber doch noch setzen. Der zunehmende Bildungserfolgsdruck, der schon Eltern ganz kleiner Kinder erfasst, bereitet einer florierenden Bildungsindustrie fruchtbaren Boden. Also werden die Spielzeuggeschäfte mit Lernspielen für Babys überschwemmt: Musik für das Ungeborene, hirnstimulierende DVDs für Neugeborene und ganze Serien von Bildungssendungen für Kleinkinder. Fast alles ist pädagogisch gesehen barer Unfug.

Dieser Trend macht auch vor den Krippen nicht halt. Kindergarten- oder Krippenketten mit angeblich intelligenzfördernden Betreuungskonzepten verändern die Betreuungslandschaft. Namen wie „Fast Track Kids“ oder „Little Giants“ versprechen eine schnelle und außergewöhnliche Entwicklung für Ihr Baby. Doch Vorsicht: Lernen auf der Überholspur funktioniert nicht. Das Gehirn des Kleinkindes muss seinen ihm eigenen, von der Natur angelegten Entwicklungsweg gehen. Dieser verläuft bei jedem Kind anders und ist durch nichts zu beschleunigen.

IM ÜBERBLICK: PÄDAGOGIK-KONZEPTE

Auf der Suche nach einem Betreuungsplatz für Ihr Kind werden Sie mit den unterschiedlichsten Konzepten und Ansätzen konfrontiert. Damit Sie sich in diesem Dschungel der Ideen und Überzeugungen besser zurechtfinden können, geben wir Ihnen hier einen kurzen Überblick über die bekanntesten pädagogischen Ansätze, die insbesondere in der Kleinkindbetreuung Anwendung finden – als komplettes Konzept einer Einrichtung oder als ein pädagogischer Schwerpunkt, dem sich die Einrichtung besonders verpflichtet fühlt.

Waldorfpädagogik

Die Waldorfpädagogik ist eine durch Rudolf Steiner (1861–1925) begründete Pädagogik auf der Grundlage des von ihm entwickelten Konzeptes der Anthroposophie. In ihren Grundannahmen unterscheidet sich die Waldorfpädagogik deutlich von anderen Konzepten – etwa in der Vorstellung, der Mensch entwickle sich in Siebenjahreszyklen. Weniger ungewöhnlich sind die Folgerungen aus diesen Annahmen: Auch in der Waldorfpädagogik kommt der Rolle der Erzieherinnen als Vorbild eine große Bedeutung zu, genauso wie dem freien Spiel, dem sinnlichen Erleben sowie Rhythmus und Wiederholung im Tagesablauf.

Maria Montessori

Die italienische Kinderärztin (1870–1952) entwickelte die nach ihr benannte pädagogische Methode, deren bekanntestes Grundprinzip die Aufforderung „Hilf mir, es selbst zu tun!“ ist. Ganz im Sinne der Reformpädagogik steht hier das Kind im Mittelpunkt. Erwachsene sorgen dafür, dass Material und Umgebung eine Art Aufforderungscharakter für die Auseinandersetzung des Kindes mit der Welt haben. An den Gedanken der Montessori-Pädagogik orientieren sich viele Krippen, Kindergärten und Schulen – in Deutschland, aber auch vielen anderen Teilen der Welt.

Emmi Pikler

Die ungarische Kinderärztin Emmi Pikler (1902–1984) war überzeugt davon, dass die Persönlichkeit eines Kindes sich dann am besten entfalten kann, wenn es sich in seinem eigenen Tempo entwickeln darf. Erwachsene sollen dem Kleinkind Geborgenheit vermitteln und seine Umgebung so gestalten, dass es entsprechend seinem individuellen Entwicklungsstand selbstständig aktiv werden kann.

In der Pikler-Pädagogik geht es um:

- den Respekt für die selbstständige Tätigkeit des Kindes,
- die stabile persönliche Beziehung des Kindes zu relativ wenigen, aber vertrauten Bezugspersonen,
- die Gesundheit und das körperliche Wohlbefinden des Kindes.

Auf den Grundsätzen der Pikler-Pädagogik baut die Arbeit vieler Krippen und Krabbelgruppen auf.

Elinor Goldschmied

Die 1910 in England geborene und bis zu ihrem Tod 2009 in England und Italien wirkende Kleinkindpädagogin vertrat die Ansicht, dass Babys und Kleinkinder die Auseinandersetzung mit Alltagsmaterialien brauchen. Auf Elinor Goldschmied geht die Methode des Heuristischen Lernens, die Entwicklung des Schatzkorbes für die Kleinkindpädagogik sowie das Bezugserziehersystem zurück. Vor allem in Italien und England arbeiten viele Krippen nach ihrem Ansatz.

Situationsansatz

Das Konzept des Situationsansatzes wurde in den 1970er Jahren als sozialpädagogisches Konzept zur Begleitung von Bildungs- und Lebensbewältigungsprozessen von Kindern in Kindertagesstätten entwickelt. Im Zentrum stehen dabei die Begriffe Autonomie, Solidarität und Kompetenz. Die Kindereinrichtungen sollen das Lernen in möglichst realen Situationen ermöglichen. Die Pädagogen sind angehalten, die Lernmotivation der Kinder zu unterstützen und ihre Fragen bzw. Lernthemen gemeinsam mit ihnen zu entwickeln. In allen Bundesländern gibt es Kindergärten, die nach dem Situationsansatz arbeiten.

Reggio-Pädagogik

Diese offene pädagogische Methode entstand gleich nach dem Krieg in der norditalienischen Stadt Reggio Emilia. Nach den traumatischen Erfahrungen der Nazizeit und des Krieges wollten die Menschen in dieser Stadt die Erziehung und Bildung ihrer Kinder auf neue Füße stellen, indem sie die Themen Solidarität, Demokratie und soziale Gerechtigkeit in den Mittelpunkt der Kindererziehung stellten. Die Reggio-Pädagogik verbindet sich mit dem Namen Loris Malaguzzi (1920–1994). Das Zitat „100 Welten hat das Kind“ aus einem seiner Gedichte ist weltberühmt. In den Reggio-Kindereinrichtungen geht es um das Lernen in Projekten, die individuelle Förderung der Kinder und darum, ihre Lernwege ausführlich zu dokumentieren. Die Wertschätzung des Erwachsenen für jeden Lernschritt des Kindes ist wegweisend.

Early Excellence Centres

Diese Einrichtungen, die Angebote für Kinder und Familien bereithalten, entstanden ab 1997 in Großbritannien. Early Excellence Centres sind Kindertagesstätten, die Elternschulungen, Gesundheitsvorsorge und Aufgaben der sozialen Integration miteinander verbinden. Ursprünglich ging es vor allem darum, die Schulleistung von Kindern aus sozial schwachen Familien zu steigern. Die Grundannahme dieser Organisationsform von Kinderbetreuungseinrichtungen besteht darin, dass in jedem Kind das Potenzial zur exzellenten Leistung schlummert. Es muss deshalb von Anfang an gefördert werden. In Deutschland sind inzwischen viele Early Excellence Centres entstanden.

Klax

In der Klax-Pädagogik steht das Kind im Mittelpunkt. „Wir denken bei allem, was wir tun, über die Bedürfnisse von Kindern nach“ ist der Leitsatz der Pädagogen, die nach diesem Ansatz arbeiten. Es werden Handlungsanleitungen, pädagogische Materialien und Raumgestaltungskonzepte für die Pädagogen zur Verfügung gestellt, damit diese sich optimal der individuellen Förderung jedes einzelnen Kindes widmen können. Die Klax-Pädagogik wurde vor allem durch das Portfoliokonzept und die vielen Handreichungen für Krippeneinrichtungen bekannt. Die Methode entstand Anfang der 1990er Jahre in Berlin. Besonders in vielen deutschen Krippen ist die Klax-Pädagogik verbreitet.

Zusammengefasst

1. Sie erkennen eine gute Einrichtung daran, dass klar erklärt werden kann, warum eine Sache auf eine bestimmte Weise geregelt ist.

2. Die meisten Ansätze und Konzepte ähneln sich in wesentlichen Grundgedanken. Um sich wohlzufühlen, braucht Ihr Kind anregende Materialien, einen kindgerechten Rahmen und eine gute und stabile Beziehung zu einem Erwachsenen.

3. Entscheidend ist nicht, für welchen bekannten Ansatz Sie sich entscheiden. Wichtig ist hingegen, ob man jeden Tag spüren kann, dass das Tun der Kinder wirklich im Mittelpunkt steht und dass ihnen etwas zugetraut wird.

4. Abzuraten ist von angeblich intelligenzfördernden Betreuungskonzepten. Lernen auf der Überholspur funktioniert nicht.

„Ich will mich nicht rechtfertigen müssen, dass Leo in die Krippe geht!“

Leo kommt nach der Elternzeit in die Krippe – das war mir intuitiv ziemlich klar. Unsicher, ob meine Entscheidung richtig ist, haben mich eigentlich erst die vielen besorgten Fragen meiner Eltern gemacht – und die Berichte einer älteren Kollegin, die ihre drei Jahre daheim niemals missen möchte. Was antwortet man darauf?

Wenn Sie sich dieses Buch gekauft haben, ist es für Sie wahrscheinlich unstrittig, Ihr Kleinkind in die Hände einer Krippe oder Kita zu geben – aber ob das Ihrem Umfeld so geht, ist eine andere Sache. Viele Eltern berichten uns, dass es sie verunsichert, immer wieder in Gesprächen, aber auch Fernsehdiskussionen und Presseberichten mit der Frage konfrontiert zu werden, ob es gut für Kinder und Eltern ist, sich „so früh voneinander zu trennen“. Eigentlich ist der Hintergrund für diese Diskussionen wohl ein ganz banaler: Vielen Menschen in unserem Land, dessen westlicher Teil bis vor wenigen Jahren nur wenige Betreuungsplätze für Kinder unter drei Jahren anbot, fehlt einfach die persönliche Erfahrung der frühen Außer-Haus-Betreuung. Gerade bei pädagogischen Fragen, die ja immer die enge Bindung zwischen Eltern und Kind berühren, gilt hier wie anderswo für viele Menschen: Was man nicht selbst als Kind erlebt hat – oder von den eigenen Kindern kennt, – erscheint einem erst einmal suspekt. Wie kann man argumentieren, wenn wohlmeinende Verwandte und Freunde es nahelegen, die Entscheidung für die Krippe zu überdenken?

„Heute wollen Frauen möglichst früh wieder arbeiten, weil sie an ihre Karriere denken. An die Kinder denkt dabei keiner!“

Wenn der einzige Sinn von Krippen wäre, dass man die Kinder mal loswird, könnte man ja über solche Meinungen diskutieren. Aber längst sind sich auch die meisten Fachleute darin einig, dass die Zeit in der Krippe – unter der Voraussetzung, dass sie gut geführt ist – für einen Großteil der Kinder ein Gewinn ist, weil sie hier Bedürfnisse verwirklichen können, die zu Hause eher zu kurz kommen: zum Beispiel, auf andere Kinder zu treffen und mit ihnen zusammen aufzuwachsen. Das gilt gerade auch für die vielen Einzelkinder hierzulande. Vielleicht könnte man also die Argumentation einmal probeweise umdrehen: „Weil es für Leo wichtig ist, eine Krippe zu besuchen, muss ich eben die freiwerdende Zeit nutzen – zum Beispiel, indem ich arbeiten gehe."

„Die ersten Jahre mit einem Kleinkind sind so einzigartig, dass es schade ist, sie nicht auszukosten – das wirst du mal bereuen!"

Die Jahre mit einem Kleinkind bleiben ein einzigartiges Erlebnis, auch wenn man das Kind wochentags vier, sechs oder acht Stunden nicht sieht. Im Gegenteil: Oft fällt es Müttern (oder Vätern!), die mit ihrem Kleinkind über mehrere Jahre daheim bleiben, zunehmend schwer, den Reiz dieser Zweisamkeit wahrzunehmen. Auch der schönste Urlaubsort wird langweilig, wenn man ihn plötzlich als normalen Arbeits- und Lebensort erlebt! Drehen wir einmal probeweise auch dieses Argument um: „Die Kleinkindjahre sind so wertvoll, dass ich sie bewusst als etwas Freudiges erleben und gestalten möchte – und nicht als grauen Alltag …!"

„Kleinkinder fühlen sich unglücklich, wenn sie ohne Eltern sind. Andere Kinder sind ihnen anfangs nicht so wichtig!"

Natürlich sind kleine Kinder zunächst auf ihre Eltern fokussiert, gerade wenn sie wenige andere Personen erleben, wie es bei uns oftmals der Fall ist. Erfahrungen aus anderen Kulturen und Lebenszusammenhängen, wo viele Menschen familienähnlich zusammenwohnen, zeigen aber, dass Kleinkinder hier automatisch auch Bindungen zu anderen Erwachsenen und Kindern aufbauen. Auch hier lohnt sich die Umkehrung des Gedankens: „Wahrscheinlich ist nicht die Unterbringung von Kindern in Krippen eine unnatürliche Situation, sondern eher das ausschließliche Aufwachsen bei einer einzigen Bindungsperson, wie es bei uns mancher für ‚natürlich' hält!" Oder um es mit einem afrikanischen Sprichwort zu sagen: „Um ein Kind großzuziehen braucht man ein ganzes Dorf!" Zwei liebevolle kluge Eltern sind wichtig – aber sie sind nicht alles, was das Kind braucht.

Zusammengefasst

1. Für viele Kinder ist die Krippe ein Gewinn, weil sie auf andere Kinder treffen. So können sie Bedürfnisse verwirklichen, die zu Hause eher zu kurz kommen.

2. Müttern oder Vätern, die mit ihrem Kleinkind über mehrere Jahre daheim bleiben, fällt es oft zunehmend schwer, den Reiz und die schönen Seiten dieser Zweisamkeit wahrzunehmen.

3. Kinder brauchen mehr als zwei liebevolle, kluge Eltern. Es ist natürlich, dass Kleinkinder automatisch auch Bindungen zu anderen Erwachsenen und Kindern aufbauen.

So viel Papierkram

Einen ganzen Berg Din-A-4-Papier habe ich bei der Anmeldung zum Durchlesen und Unterschreiben ausgehändigt bekommen. Welche Infos sind wichtig, und welches Formular bedeutet was?

Bevor es mit der Betreuung Ihres Kindes ernst wird, haben Sie eine ganze Reihe von Formalien zu erledigen. Viele von den Themen, auf die Sie im Aufnahmegespräch oder in Form von Hinweisblättern hingewiesen werden, dürften bei Ihnen Fragen hervorbringen, weil all das mit Ihrer bisherigen Lebensrealität wenig zu tun hat. Deshalb stellen wir Ihnen vor, welche Formulare auf Sie zukommen, bevor wir im nächsten Kapitel darauf eingehen, was Sie im Aufnahmegespräch erwartet und auf was Sie achten sollten. Lassen Sie sich von all diesen Formalitäten nicht abschrecken: Je mehr Sie im Vorfeld regeln können, desto unbeschwerter können Sie den Beginn der Krippenzeit Ihres Kindes angehen.

DER BETREUUNGSVERTRAG

Die Krippe oder Ihre Wohnortkommune wird mit Ihnen einen Betreuungsvertrag schließen. Dieser Vertrag regelt, zu welchen Bedingungen Ihr Kind betreut werden soll, wie die Bezahlung aussieht und welche Kündigungsbedingungen gelten sollen.

Betreuungsverträge sind meist von der Kommune oder vom Träger der Krippe vorgegebene Dokumente, die den örtlich geltenden Gesetzen folgen müssen. Deshalb gibt es zu so einem Vertrag wenig Verhandlungsspielraum. Lesen Sie sich diesen Vertrag gründlich durch und scheuen Sie sich nicht, die Krippenleitung zu fragen, wenn Sie etwas nicht verstehen. Wichtige Themen, die in vielen Verträgen geregelt werden und nach denen Sie sich erkundigen sollten, falls sie nicht enthalten sind:

- Wie lange ist die vereinbarte Betreuungszeit?
- Gibt es feste Schließzeiten oder eine maximale Anzahl an Schließtagen?

- Nimmt mein Kind an der Essenversorgung teil oder nicht? Wenn ja: Wie wird diese organisiert und was kostet sie?
- Ist mein Kind versichert, wenn ihm etwas passiert?
- In welcher Form soll die Krippe über kurz- oder längerfristiges Fehlen meines Kindes informiert werden?
- Wer haftet dafür, wenn Kleidungsstücke meines Kindes wegkommen oder beschädigt werden?
- Darf mein Kind in der Krippe fotografiert werden? Wenn ja, unter welchen Bedingungen? Was macht die Krippe mit den Fotos?
- Darf mein Kind sein Spielzeug mitbringen?
- Wie muss ich mich im Fall des Auftretens einer Infektionskrankheit verhalten?
- Wie wird der Zugang zur Krippe vor Fremden und Unbefugten geschützt? Welche Verhaltensregeln ergeben sich daraus für mich und unsere Familie und Freunde?

DER AUFNAHMEBOGEN

Vor dem Aufnahmegespräch werden die meisten Krippenleitungen oder die Erzieherin Sie bitten, einen Aufnahmebogen auszufüllen, der grundlegende Informationen über Ihr Kind enthält.

Angaben zur Familie und zum Kind

Hier geht es vor allem um Personendaten, wie den Geburtstag des Kindes, den Wohnort der Eltern, deren Telefonnummern und E-Mail-Adressen. Die Krippe muss wissen, wie Sie bei Bedarf auch kurzfristig erreichbar sind – denken Sie bitte daran, alle eventuellen Adressdaten zu hinterlassen, und auch später in der Krippenzeit Ihres Kindes alle Änderungen mitzuteilen, um Ihre Erreichbarkeit zu sichern.

Für die Krippe ist es wichtig zu wissen, wer für das Kind sorgeberechtigt ist. Die gesetzlichen Bestimmungen schreiben der Krippe vor, sich mit beiden Sorgeberechtigten vertraglich zu binden und wichtige Informationen an beide zu geben, auch wenn die Eltern nicht zusammenleben.

Angaben zum Entwicklungsstand Ihres Kindes

Die Krippe wird Sie wahrscheinlich bitten, eine kurze Entwicklungsdarstellung Ihres Kindes zu geben. Auch hier kann es sein, dass Sie gebeten werden, einen vorbereiteten Fragebogen auszufüllen.

Angaben zur Gesundheit

Die meisten Einrichtungen werden Sie nur aufnehmen, wenn Sie ein ärztliches Attest vorlegen, in dem über den Gesundheitszustand Ihres Kindes Auskunft gegeben wird. Bitte geben Sie auch an, ob Ihr Kind an Allergien leidet und was Sie normalerweise dagegen tun.

Zusammengefasst

1. Der Betreuungsvertrag ist ein vorgegebenes Dokument mit wenig Verhandlungsspielraum.

2. Es ist gesetzlich vorgeschrieben, sich mit beiden Sorgeberechtigten vertraglich zu binden und wichtige Informationen an beide zu geben, auch wenn die Eltern nicht zusammenleben.

3. Für die Aufnahme ist meist auch ein ärztliches Attest nötig, das über den Gesundheitszustand Ihres Kindes Auskunft gibt.

Das Aufnahmegespräch

Bevor die Krippenzeit für Sie und Ihr Kind dann wirklich losgeht, steht ein wichtiges Gespräch mit der Krippenleitung oder der zukünftigen Erzieherin an, vielerorts Aufnahmegespräch genannt. Zum Aufnahmegespräch erhalten Sie alle wichtigen Informationen, die Sie für die Krippenzeit benötigen, gleichzeitig möchte die Leiterin von Ihnen Informationen über Ihr Kind erhalten. Natürlich dient dieses Gespräch auch dem ersten Kennenlernen.

Die Öffnungszeiten

Von wann bis wann hat die Krippe geöffnet? Wie lange kann das Kind in der Krippe bleiben? Diese Fragen sind für viele Eltern existenziell. In vielen Bundesländern erhalten Sie einen behördlichen Betreuungsbescheid für den Krippenplatz. In diesem ist die Zeitspanne geregelt, die Ihr Kind in der Krippe betreut wird. Benötigen Sie eine längere Betreuung, müssen Sie zur Behörde gehen und den Bescheid anpassen lassen. Manche Einrichtungen bieten auch die Möglichkeit einer Betreuung über diese Zeitspanne hinaus, diese müssen Sie dann aber selber bezahlen. Die Erzieherin wird Sie mit den Möglichkeiten Ihrer Krippe vertraut machen.

Holen und Bringen

Auch wenn es – anders als etwa in der Schule – natürlich keine Anwesenheitspflicht in der Krippe gibt, hat fast jede Krippe oder Kita festgelegte Zeiten, bis zu denen Sie Ihr Kind bringen sollten – oder sie benennt Phasen, in denen das Bringen unerwünscht ist. Solche Festlegungen erfolgen im Interesse der Kinder: Es stört den Gruppenalltag erheblich, wenn sich die Erzieherin jederzeit aus der Aktion mit den Kindern herausreißen muss, um die Tür zu öffnen. Und dem irgendwann im Tagesablauf gebrachten Kind fällt es deutlich schwerer, sich in den Ablauf einzugliedern, als wenn es zu einer Zeit eintrifft, in der auch alle anderen Kinder ankommen! Wichtige Fragen, die es zu klären gilt:

- Wer darf mein Kind abholen? Alle Personen, die das Kind abholen dürfen, wenn die eigenen Eltern verhindert sind, benötigen eine Vollmacht.
- Besprechen Sie auch, wie die Krippe damit umgehen wird, wenn Sie einmal zu spät kommen oder Ihr Kind viel früher abgeben müssen als gewöhnlich. Die meisten Krippen sind darauf eingestellt und integrieren solche Situationen reibungslos in den Alltag.
- Die Leiterin wird Ihnen erklären, wie Sie sich anmelden werden, wenn Sie Ihr Kind abgeben und wie die Abmeldung erfolgt. In manchen Einrichtungen gibt es elektronische Systeme wie Terminals, mit denen das An- und Abmelden geschieht.
- Manche Einrichtungen möchten, dass Sie sich auf einer Liste ein- oder austragen. In wieder anderen Einrichtungen übernimmt die Erzieherin diese Aufgabe.
- In jedem Fall sollten Sie darauf achten, sich immer deutlich bemerkbar zu machen, wenn Sie die Einrichtung betreten oder wenn Sie Ihr Kind abholen, damit die Erzieher nicht plötzlich erschreckt feststellen, dass ein noch auf der Liste als anwesend vermeldetes Kind nicht mehr aufzufinden ist!

Informationswege

Im Aufnahmegespräch werden Sie auch darüber sprechen, wie wichtige Informationen ausgetauscht werden. Mit der Aufnahme Ihres Kindes in die Krippe gehen Sie und die Krippe eine Verpflichtung zur gegenseitigen Information ein. Das ist folgerichtig, wenn man davon ausgeht, dass in der Krippe eine Erziehungspartnerschaft gepflegt wird, die beide Seiten – Eltern wie Erzieher – für das Betreuen und die Bildung des Kindes verantwortlich macht.

Die meisten Krippen nutzen heute den E-Mail-Verkehr. Die Leitung wird Sie nach Ihrer E-Mail-Adresse fragen, um Sie in regelmäßigen Elterninformationsbriefen über wichtige Dinge im Alltag der Krippe zu informieren, zu Elternabenden einzuladen oder mit Ihnen wichtige Themen zu diskutieren.

In vielen Einrichtungen gibt es Elternbriefkästen oder persönliche Eigentumsfächer der Kinder, die sich meistens in den Garderoben befinden. Sie sind ein beliebter Postkasten für den Informationsaustausch zwischen Eltern und Erziehern und für Eltern untereinander. In diese Briefkästen oder Fächer legen die Erzieherinnen Informationen, die auf Papier vorliegen. Dies können die Elternzeitung der Krippe sein, Veranstaltungsflyer von anderen Anbietern aus dem Wohnbereich, oder Einladungen zu Kindergeburtstagen von anderen Eltern.

Mitzubringendes

Die Leiterin wird Ihnen im Aufnahmegespräch die Gruppenerzieherin Ihres Kindes vorstellen und Ihnen die Räume zeigen, in denen Ihr Kind sich aufhalten wird: den Gruppenraum, die Schlaf- und Waschgelegenheiten ebenso wie die Toiletten, die Küche und den Außenbereich. Lassen Sie sich zeigen, wo die persönlichen Dinge für Ihr Kind aufbewahrt werden. Meistens verfügen die Krippen über Wickelboxen mit Fächern für jedes Kind. Manche Einrichtungen bewahren Wechselwäsche in der Garderobe auf und stellen Pflegeartikel in das Bad.

Am besten fragen Sie ganz genau nach, was Sie Ihrem Kind in die Krippe mitgeben sollen. Wechselsachen, Windeln, persönliche Pocreme und andere Pflegeartikel werden in den meisten Krippen von den Eltern mitgebracht. Man wird Sie bitten, diese Dinge zu beschriften, damit die Erzieherinnen sie richtig zuordnen können.

Wie sieht es mit dem persönlichen Schmusetier Ihres Kindes aus, darf dies mit? In vielen Einrichtungen ist das kein Problem. Die heißgeliebten Zipfelpuppen, Schmusetücher oder Stofftiere benötigen eine namentliche Kennzeichnung und gehen jeden Abend wieder mit nach Hause, um dort regelmäßig gewaschen zu werden. Achtung: Ein paar Vorsichtsmaßnahmen gilt es zum Schutz der Kinder bei den mitgebrachten Dingen zu beachten. So dürfen Kuscheltiere nur in die Krippe, wenn sie keine aufgenähten Plastik- oder Glasaugen haben. Diese könnten sich lösen und für kleine Kinder eine Erstickungsgefahr bedeuten. Zu gefährlich sind auch Spielsachen mit Bändern oder Gummis.

Falls Ihr Kind einen Schnuller hat, werden Sie vielleicht gebeten, eine mit dem Namen des Kindes beschriftete Plastikbox mitzubringen. Krippen sind verpflichtet, die Schnuller der Kinder in namentlich gekennzeichneten Boxen oder kleinen Fächerregalen aufzubewahren, um den Austausch von Keimen einzuschränken.

In einigen Einrichtungen werden Sie gebeten, das Bettzeug für die Kinder mitzubringen, und für den Frischluftschlaf benötigen manche Krippen einen Kinderwagen. Bitte besprechen Sie mit der Leitung, wie Sie dies handhaben möchten, vor allem wenn Sie Ihr Kind mit dem Auto in die Einrichtung bringen.

Für Kinderwagen, Autositze und Buggys gibt es extra Kinderwagenräume. Diese sind meist verschlossen, oft erhalten Sie den Zutritt mit einem Türcode oder einem speziellen Schlüssel.

Gesundheit

Im Gespräch werden Sie nach dem Ergebnis der letzten U-Untersuchung und dem Impfstand gefragt werden. Am besten haben Sie das Untersuchungsheft des Kindes und den Impfausweis dabei. Falls Allergien bestehen: Fragen Sie, ob die Krippe über Möglichkeiten verfügt, Ihr Kind vor den Auswirkungen einer Allergie zu schützen.

Hygiene

An Orten, an denen viele Menschen zusammenkommen, haben Bakterien ein leichtes Spiel und Krankheiten können sich ungehindert ausbreiten. Auch wenn viele Menschen es für gesundheitsförderlich halten, dass ein Kind möglichst früh viele Krankheiten durchmacht, gilt dies natürlich nicht für alle Kinderkrankheiten gleichermaßen. Und es ist Familien nicht zuzumuten, dass ihr Kind jede in der Gruppe gastierende Infektion mitmacht! Damit dies gelingt, müssen Eltern, Erzieher und Ämter zusammenarbeiten.

Die Gesundheitsämter geben in der Regel Vorschriften für die Krippen heraus, wie im Fall einer aufgetretenen Infektionskrankheit vorzugehen ist. Sollte es in der Krippe zu meldepflichtigen Krankheiten wie Scharlach, Masern oder Röteln kommen, müssen die erkrankten Kinder zu Hause bleiben und dürfen erst wiederkommen, wenn der Kinderarzt dies bescheinigt.

Es kann auch passieren, dass die Erzieherin Ihres Kindes in einem solchen Fall der Krippe fern bleiben muss, wenn sie schwanger ist und gegen die aufgetretene Krankheit keine Immunität besitzt.

Besondere Vorsicht gilt im Fall einer Infektionskrankheit auch für schwangere Mütter, alte sowie kranke Menschen. Deshalb ist die Einrichtung verpflichtet, die Infektionskrankheit schon vor der Tür der Krippe mittels eines amtlich vorgeschriebenen Aushangs anzukündigen und wichtige Informationen bereitzuhalten. Auf diesem Aushang wird vermerkt, wie lange die Krankheit voraussichtlich anhalten wird und welche Vorsichtsmaßnahmen in dieser Zeit gelten.

Hygienevorschriften gelten aber nicht nur für die Krippe, sondern auch für Eltern. In der Garderobe befinden sich Wickelboxen, die sie beim Bringen und Abholen ihres Kindes benutzen können. Die Eltern werden dabei gebeten, entweder die Papierunterlage nach erfolgter Benutzung zu wechseln oder die Wickelunterlage abzuwischen – je nachdem, welches System in der Einrichtung genutzt wird.

Es kann auch sein, dass die Einrichtung nur auf Strümpfen betreten werden sollte oder Ihre Schuhe mit Schuhüberziehern zu verkleiden sind, die die Krippe zur Verfügung stellt. Auf diese Weise wird der Boden, auf dem sich Ihre Kinder die meiste Zeit aufhalten, vor Verschmutzung durch allerlei Straßenkeime geschützt.

Ernährungsfragen

Im Aufnahmegespräch wird Ihnen die Leiterin mitteilen, wie die Versorgung mit Essen in der Krippe geregelt ist. Manche Einrichtungen möchten, dass Sie dem Kind eine Brotbox mitgeben. In vielen Krippen wird Ihr Kind rundum verköstigt. Erkundigen Sie sich nach dem Ernährungskonzept und lassen Sie sich den aktuellen Speiseplan zeigen. Fragen Sie ruhig nach, wenn Ihnen etwas unklar ist. Wie hoch ist der Anteil der Biolebensmittel, die in der Küche eingesetzt werden? Ist die Ernährung ausgewogen? Kocht die Einrichtung selbst, machen dies die Eltern oder gibt es einen Caterer? Wie wird auf die besonderen Essgewohnheiten kleiner Kinder Rücksicht genommen und wie ist gesichert, dass das Kind auch ausreichend zu trinken bekommt?

- Achtung: Bei mitgebrachten Lebensmitteln und Getränken kann es zu unerwünschter Keimbildung kommen, wenn sie nicht richtig aufbewahrt und gekühlt werden. Bitte fragen Sie deshalb nach, wo Ihre Brotdose aufbewahrt wird und wie die Krippe die darin enthaltenen Lebensmittel vor dem Verderben schützt.
- Bringen Sie lieber keine Trinkflaschen mit Saft oder Tee mit; diese stehen oft den ganzen Tag im Gruppenraum herum und bieten ein ideales Zuchtklima für Keime aller Art.

Zusammenarbeit mit den Eltern

Die Leiterin wird Ihnen vorstellen, wie in der Krippe mit den Eltern zusammengearbeitet wird. Wie oft erhalten Sie Elterninformationsschreiben, gibt es Elternabende und Elterntreffen? Wie werden die Elternvertreter gewählt? Werden die Eltern zur Mitarbeit aufgefordert? Gibt es gemeinsame Arbeitseinsätze oder werden andere Rituale der Elterneinbindung gepflegt? Wenn Sie gern mithelfen wollen, teilen Sie der Leitung mit, was Sie gut können und gerne machen würden. Dies wird bestimmt Berücksichtigung finden.

Tagesablauf

Was passiert mit meinem Kind den Tag über? Dieser Frage sollte man viel Zeit einräumen. Lassen Sie sich den Tagesablauf erläutern und fragen Sie, welche Möglichkeiten Sie haben, um sich ein genaueres Bild vom Tagesgeschehen zu machen. In vielen Krippen gibt es Elternecken, in denen Dokumentationen von vergangenen Projekten in Form von Postern oder komplett bestückten Projekttischen bis hin zum aktuellen Tag ausgestellt sind. Immer häufiger nutzen Krippen elektronische Bilderrahmen, auf denen Fotos vom Tag zu sehen sind. Ebenfalls führen viele Einrichtungen für jedes Kind ein Portfolio, an welchem Sie als Elternteil mitwirken können und das Ihnen stets zur Einsicht zur Verfügung steht. Lassen Sie sich im Gespräch erklären, welche Methode Ihre Krippe verfolgt und wie Sie dort Einsicht nehmen können.

Gesetzliche Regelungen

Auch die besonderen gesetzlichen Regeln für eine Kinderbetreuung werden Thema Ihres Aufnahmegesprächs sein. Zwei Gesetze, die Auswirkungen auf den Krippenalltag haben, sind der Datenschutz und das Haftungsrecht:

- Wie jede öffentliche Institution ist Ihre Krippe verpflichtet, mit den Personendaten, die sie zur Verfügung gestellt bekommt, sehr sorgfältig umzugehen. Sie darf sie nicht an Dritte weitergeben. Wundern Sie sich also nicht, wenn Ihr Wunsch nach der Telefonnummer der Familie des Freundes Ihres Kindes abgelehnt werden muss: Solche Fragen klären Eltern untereinander.
- Für Eltern ähnlich verwunderlich ist es oft, dass viele Krippen es ablehnen, dem Kind in der Einrichtung ein Medikament zu verabreichen oder eine allergiebedingte Diät umzusetzen. Ohne ärztliches Attest geht dies ohnehin nicht und oft ist es von der Rechtsprechung in dem jeweiligen Bundesland abhängig, ob die Erzieherinnen Medikamente verabreichen oder Diäten durchführen dürfen. Falls Ihr Kind Medikamente oder eine besondere Ernährung benötigt, werden Sie im Gespräch sicher eine zufriedenstellende Lösung finden.
- Haftungsfragen betreffen auch Gegenstände, die Ihr Kind mitbringt, zum Beispiel Spielzeuge oder seine Bekleidungsstücke. Bei der Auswahl dieser Dinge sollten Sie berücksichtigen, dass es in aller Regel nicht möglich ist, für verloren gegangene Hausschuhe und beschädigte Kuscheltiere eine Entschädigung von der Krippe zu erhalten.

Zusammengefasst

1. In vielen Bundesländern erhalten Sie einen behördlichen Betreuungsbescheid für den Krippenplatz. In diesem ist die Zeitspanne geregelt, die Ihr Kind in der Krippe betreut wird.

2. Sie und die Krippe gehen eine Erziehungspartnerschaft ein. Das verpflichtet zur gegenseitigen Information.

3. Fragen Sie nach, was Sie Ihrem Kind in die Krippe mitgeben sollen, etwa Wechselsachen, Windeln und Pflegeartikel.

4. Halten Sie das Heft mit dem Ergebnis der letzten U-Untersuchung des Kindes bereit, ebenso den Impfausweis.

5. Erkundigen Sie sich nach dem Ernährungskonzept und lassen Sie sich den aktuellen Speiseplan zeigen.

6. Lassen Sie sich den Tagesablauf erläutern und fragen Sie, welche Möglichkeiten Sie haben, um sich ein genaueres Bild vom Tagesgeschehen zu machen.

Schnupperstunden zum Kennenlernen

Antonia hat einen Krippenplatz zugesagt bekommen. Ihre zukünftige Krippe bietet Schnuppertage an, um die Kleinen an das Haus zu gewöhnen. Ist es sinnvoll, an einem solchen Angebot teilzunehmen – oder sollte ich diese weniger werdenden Tage besser mit Antonia daheim auskosten?

Der Krippenplatz ist zugesagt, aber es ist noch eine Weile Zeit bis dahin. Viele Eltern fragen sich, ob und in welcher Form sie nun diese bevorstehende Veränderung im Leben des Kindes vorbereiten sollten oder ob die Familie lieber die Zeit bis dahin mit anderen Aktivitäten genießen sollte.

Viele Krippen bieten eine Eltern-Kind-Gruppe, in der Sie als Eltern mit Ihrem zukünftigen Krippenkind eingeladen sind, Räume und Erzieherinnen schon einmal kennenzulernen. Vorteil eines solchen Treffens ist nicht nur, dass Ihr Kind mit der zukünftigen Umgebung etwas vertraut werden kann, sondern auch, dass Sie auf andere Eltern treffen und mit ihnen in Austausch über den bevorstehenden Schritt treten können.

Meist bieten Krippen oder Kindergärten dazu einen festen Termin in der Woche an. Sie sorgen dafür, dass die Erzieherin, die dann später die Gruppe übernimmt, das Treffen veranstaltet. Ein solches Eltern-Kind-Gruppentreffen dauert in der Regel ein bis zwei Stunden. Kinder und Eltern lernen die anderen Kinder und Eltern, die Erzieherin und die Räume kennen. Bei Kaffee und Kuchen können die Eltern sich über Erziehungsfragen und Fragestellungen des Krippenalltages austauschen. Die Erzieherin kann diese Termine nutzen, die Eltern in die Arbeitsweise einer Krippe einzuführen. Fragen Sie in Ihrer Krippe danach oder regen Sie an, ebenfalls eine solche Gruppe aus neuen Eltern zu bilden – vielleicht können Sie die Leitung bei der Organisation unterstützen.

Eine Sache können solche Eltern-Kind-Gruppen allerdings schwer vorbereiten: den entscheidenden Schritt für das Kind, einmal ohne Mutter oder Vater die Krippe zu besuchen, denn in der Eltern-Kind-Gruppe weiß Ihr Kind Sie ja in seiner Nähe. Vor allem in sozialer Hinsicht unterscheidet sich die Gruppe ohnehin stark vom Krippenalltag: In der Krippe werden später die Kinder im Mittelpunkt stehen, während Eltern-Kind-Gruppen natürlich auch stark durch Gespräche der Eltern untereinander und mit den Erzieherinnen geprägt sind. Weil sich die Situation in der Eltern-Kind-Gruppe so stark vom Krippenalltag unterscheidet, kann man auch kaum Rückschlüsse vom Verhalten Ihres Kindes jetzt zur späteren Eingewöhnung ziehen. Haben Sie Geduld: Auch wenn es jetzt allzu viel Sicherheit bei Ihnen sucht und den Kontakt zu anderen meidet, kann es schon bald zu einem fröhlichen Krippenkind werden, das sich unter den anderen Kindern und den Erzieherinnen gut und geborgen fühlt.

Zusammengefasst

1. Viele Krippen bieten eine Eltern-Kind-Gruppe. Die Eltern sind zusammen mit Ihrem zukünftigen Krippenkind eingeladen, Räume und Erzieherinnen schon vor der Eingewöhnung kennenzulernen.

2. Oft gibt es dafür einen festen Termin in der Woche, der ein bis zwei Stunden dauert.

3. Der Vorteil ist das Kennenlernen der anderen Kinder, Eltern und der Erzieherinnen.

4. Es lassen sich aber kaum Rückschlüsse vom Verhalten Ihres Kindes auf die spätere Eingewöhnung ziehen. In den Eltern-Kind-Gruppen dominieren oft die Elterngespräche.

„Auf einmal mag ich mein Kind nicht loslassen“

Auf den Krippenplatz für Emma habe ich lange gewartet, denn die Zeit mit ihr daheim war ganz schön anstrengend. Jetzt, kurz vor der Eingewöhnung, plagen mich Skrupel: Ist Emma nicht viel zu klein, um diesen großen Schritt zu machen? Ist es selbstsüchtig von mir, sie abzuschieben, weil ich gerne wieder arbeiten möchte?

Wenn alle Formalien geklärt und alle Fragen gestellt und beantwortet wurden, kann es endlich losgehen. Sie haben mit der Leiterin und Ihrer Erzieherin den ersten Termin zur Eingewöhnung verabredet. So froh Sie sind, einen Krippenplatz zu haben, so mulmig ist Ihr Gefühl. Wird alles gut gehen? Werde ich mich von meinem Kind trennen können? Was mache ich nur, wenn es die ganze Zeit brüllt und sich nicht von mir trennen will? Wird es noch andere Mütter geben, die auch ihr Kind eingewöhnen? Hoffentlich komme ich mit denen zurecht! Wird die Erzieherin mich und mein Kind mögen? Was tun, wenn mein Kind die Erzieherin mehr mag als mich? Sicherlich gehen Ihnen Fragen über Fragen durch den Kopf. Dazu kommt die Aufregung, die mit der Rückkehr an Ihren Arbeitsplatz verbunden ist. Sie waren eine lange Zeit nicht dort. Was hat sich inzwischen geändert? Werden die Kollegen Rücksicht nehmen, wenn die Kleine mal krank ist und ich zu Hause bleiben muss?

Wer sich mit so vielen Fragen herumplagen muss, der erlebt die Eingewöhnung des Kindes in der Krippe als besonders belastend. Belastete Mütter und Väter sind jedoch keine guten Partner für ihre Kinder. Wir raten deshalb allen Eltern: Versuchen Sie, die Sachfragen im Vorfeld zu klären. Im Aufnahmegespräch in der Krippe und im Gespräch mit dem Vorgesetzten und den Kollegen am Arbeitsplatz lassen sich viele Eventualitäten regeln. Wenn Ihnen das gelingt, können Sie sich emotional ganz und gar auf den neuen Lebensabschnitt Ihrer Familie konzentrieren und Ihr Kind beim Übergang von zu Hause in die Krippe optimal unterstützen.

TIPP: ÜBERGÄNGE FEIERN!

„Eingewöhnung“ lautet die in der Pädagogik verwendete Bezeichnung für die sanfte Gestaltung des Übergangs von einer Lebensphase, die zu Ende geht, in eine neue. Leider werden solche Übergänge in unserer Gesellschaft viel zu wenig zelebriert.

- *Warum nicht die Aufnahme des Kindes in die Krippe zelebrieren? Eine kleine Feier mit Oma und Opa, Nachbarn, Neffen und Tanten macht deutlich, dass nun etwas Besonderes geschieht, ein besonderer Lebensabschnitt erreicht wurde. Probieren Sie es doch mal aus. Initiationsriten erleichtern den Übergang, das wussten schon unsere Vorfahren.*
- *Dem Start in die Krippe tut es gut, dass alle Beteiligten sich emotional positiv auf das Neue einstellen und es mit glücklichen Gedanken verbinden.*
- *Schon Kleinstkinder werden innerlich größer, wenn sie glaubhaft erfahren, dass sie nun groß genug geworden sind, um eine Veränderung erleben zu dürfen. Das stolze „Soooo groß bist du“ hört sich doch ganz anders an, als das mitleidige „Du armer Kleiner wirst jetzt abgegeben“.*
- *Machen Sie auch Ihrer Krippe den Vorschlag, eine „Einkrippungsfeier“ zu veranstalten. Vielleicht treffen Sie auf offene Ohren.*

Zusammengefasst

1. Belastete Mütter und Väter sind keine guten Partner für ihre Kinder.

2. Sie sollten sich mit möglichst wenigen Fragen und Sorgen herumplagen, damit die Eingewöhnung gut gelingt.

3. Regeln Sie alle Eventualitäten schon vorher. Im Gespräch mit dem Arbeitgeber können Sie rechtzeitig die Fragen bezüglich der Rückkehr an Ihren Arbeitsplatz klären.

4. Im Gespräch mit der Krippe können Sie Tipps bekommen, wie Sie Ihr Kind gut loslassen und seine Eingewöhnung erleichtern.

Wie viel Zeit muss für die Eingewöhnung einplant werden?

Auf solche Faktoren hat man keinen Einfluss: Konrad hat am 1. August seinen ersten Krippentag, und in meinen Job muss ich ab 15. August wieder einsteigen. Reicht die Zeit für eine gute Eingewöhnung?

Wie lange braucht es, bis ein Kind gut eingewöhnt ist? Mit dieser Frage haben sich Erziehungsfachleute schon lange beschäftigt – und vor allem festgestellt, dass es nicht möglich ist, eine allgemeingültige zeitliche Festlegung zu treffen. Zu unterschiedlich sind die zahlreichen Einflussfaktoren: Ob die Eingewöhnung mehr oder weniger Zeit braucht, hängt nicht nur vom Bindungsverhalten des Kindes ab (Wie schnell kann es sich auf andere Betreuungspersonen einlassen?), sondern auch von seinem Alter und der aktuellen Befindlichkeit. Aber auch das Verhalten der Eltern und ihre innere Bereitschaft, ihr Kind jetzt einen neuen Schritt machen zu lassen, verkürzen oder verzögern diese Übergangsphase – und nicht zuletzt entscheidet auch die Professionalität der Erzieherinnen darüber.

Um dennoch einen Einblick zu geben, worauf es bei der Eingewöhnung ankommt, wurden „Fahrpläne" entwickelt. In ihnen sind die typischen Phasen dieses Ablösungsprozesses klar definiert, damit Eltern und Erzieher währenddessen gut erkennen können, wie weit sie schon in diesem Prozess gelangt sind. Klar sollte bei diesem Fahrplan immer sein, wer das Abfahrtssignal gibt, um die nächste Station anzufahren: immer Ihr Kind. Dessen aktuelle Bedürfnislage, dessen Fähigkeit, sich auf das Neue einzulassen, muss Grundlage der Entscheidung sein, ob die Eingewöhnung fortschreiten oder gar beendet werden kann – nicht organisatorische „Zwänge" des Krippenteams, nicht Ihre beruflichen Interessen!

Vorab jedoch ein Wort zur Beruhigung. Viele Eltern nehmen die Eingewöhnung zunächst als eine Art Hürde wahr, an die sie sich zunächst eher mit gemischten Gefühlen heranwagen. Meistens werden damit negative Vorstellungen verbunden: Bedeutet die neue Situation nicht puren Stress für das Kind, das sich bisher so sicher an meiner Seite geglaubt hat, um nun scheinbar abgeschoben zu werden? Unsere vielfältigen Erfahrungen mit der Eingewöhnung in verschiedensten Krippensituationen zeigen tatsächlich, dass sie die Kinder unter Stress setzt – aber in den allermeisten Fällen ist es positiver Stress. Es fühlt sich an wie bei jeder größeren Hürde, die das Kind in seinem Prozess des Aufwachsens überspringen muss: Nachher ist man daran gewachsen. Ja, Kleinkinder verändern sich, wenn sie die Eingewöhnung durchlebt haben, indem sie danach in aller Regel selbstbewusster und mutiger wirken. Die Begegnung mit Neuem schafft Unsicherheit, und es braucht Mut und Zuspruch, um mit dem Neuen vertraut zu werden. Gerade weil ganz kleine Kinder natürlich noch nicht so viel Routine in der Bewältigung neuer Situationen haben können, reagieren sie anfangs oft heftiger als größere Kinder. Doch wie gut ist das Gefühl, etwas Neues schließlich bewältigt zu haben! Wer Stress bewältigen kann, verspürt Glück, dies gilt auch für Krippenkinder und ihre Eltern.

Die Eingewöhnung kann einige Tage bis zu vier Wochen dauern. In den meisten Krippen wird eine Eingewöhnungsphase von zwei Wochen angeboten, die bei Bedarf verlängert werden kann. Wer länger als vier Wochen braucht, um in die Krippe hineinzukommen, ist vielleicht noch nicht so weit und sollte es nach einer längeren Pause erneut versuchen. Natürlich ist dies zumindest für berufstätige Eltern oft schwierig zu organisieren, es hat sich aber als der Mühe wert erwiesen. Und vielleicht ist es ja möglich, mithilfe von Freunden, Verwandten oder verständigen Vorgesetzten eine Übergangsregelung zu finden.

IM ÜBERBLICK: EINGEWÖHNUNGSPHASEN

Vom ersten bis zum dritten Tag

In dieser Anfangsphase begleitet ein Elternteil das Kind in die Krippe. Sie kommen jeden Tag um die gleiche Zeit und bleiben ungefähr ein bis zwei Stunden mit dem Kind im Gruppenraum.

> ***TIPP:***
>
> - *Kommen Sie fröhlich und entspannt, zeigen Sie Neugier auf die neue Situation und die Erlebnisse, die Sie beide erwarten!*
> - *Sie bleiben in dieser Zeit bei Ihrem Kind. Lassen Sie es selbst entscheiden, wann es sich von Ihnen lösen und am Gruppengeschehen teilhaben will.*
> - *Bleiben Sie mit der Aufmerksamkeit beim Kind. Auch wenn Ihnen die Situation vielleicht langweilig und Ihre Rolle unklar erscheinen mag: Ihr Kind braucht Ihre Aufmerksamkeit und Ihre Anwesenheit, um in der neuen Umgebung an Sicherheit zu gewinnen.*
> - *Sollte Ihr Kind Ihnen ein Spielzeug bringen, spielen Sie mit ihm, versuchen Sie jedoch, das Geschehen sanft dahin zu lenken, dass Ihr Kind mit anderen Kindern spielt. Drängen Sie es dabei aber nicht!*

Aus langjähriger Erfahrung können wir sagen, dass sich die meisten Kinder schon in diesen ersten drei Tagen sehr gut in die Gruppe integrieren und die Eltern zunehmend weniger beachten. Es gibt Kinder, die ohne einen Blick zurück in den Gruppenraum hineinmarschieren und ihre überraschten Mütter oder Väter auf dem Flur zurücklassen. Andere Kinder weinen und klammern sich an den Elternteil und lassen den Kontakt mit der Erzieherin und anderen Kindern erst nach vielen Versuchen zu. Irgendwo zwischen diesen beiden Extremen liegt das Verhalten der meisten Kleinkinder in der Eingewöhnungsphase.

Vom vierten Tag bis zur zweiten Woche

Nach und nach verbringen Sie mehr Zeit mit Ihrem Kind in der Krippe. Aus ein bis zwei Stunden wird ein ganzer Vormittag. Vom Morgenkreis bis zum Mittagessen haben Sie beide den Krippenalltag nun schon kennengelernt. Je nachdem, wie gut sich Ihr Kind in diesem Prozess zurechtfindet, wird die Erzieherin Sie nach einigen Tagen, spätestens aber in der zweiten Woche einladen, sich zeitweise zurückzuziehen. Wahrscheinlich können Sie staunen, wie gut es Ihr Kind aushält, dass Sie sich aus seinem Blickfeld entfernen – oder wie schnell es vom anfänglichen Jammern darüber abgelenkt werden kann. Die Erzieherin wird mit Ihnen vereinbaren, wann Sie wieder hineingebeten werden: normalerweise entweder, wenn sich Ihr Kind nicht trösten lässt oder wenn es sonstige Bedürfnisse zeigt, die bis jetzt nur Sie erfüllen können.

Meistens warten Eltern in dieser Phase der Eingewöhnung auf dem Flur, in der Garderobe oder in der Elternecke. Sie können die Gelegenheit nutzen, sich mit anderen Eltern auszutauschen oder in den Dokumentationsordnern der Einrichtung zu stöbern. Dann ist der Tag da, an dem alle Anzeichen für eine erfolgreiche Eingewöhnung sprechen: Das Kind lässt sich auf dem Arm der Erzieherin trösten, wenn es traurig ist, es isst in der Gruppe und kann sogar am Mittagsschlaf teilnehmen. Sicherlich wird Ihr Kind trotzdem noch protestieren, wenn Sie es in der Kindergruppe allein lassen, es lässt sich aber nun von der Erzieherin schnell beruhigen und ablenken. Ihr Kind hat die neue Umgebung, die Kinder und die Erzieherin akzeptiert. Es ist ein Krippenkind geworden.

Wahrscheinlich wurden Sie von der Erzieherin mit der Vereinbarung nach Hause geschickt, nach der Schlafenszeit wieder zurück zu sein. Vielleicht kommt Ihnen nun, wo die langersehnte Eingewöhnung beendet ist, zu Hause alles fremd und leer vor. Ihr Kind wurde in seinen neuen Lebensabschnitt begleitet, doch wer kümmert sich nun darum, dass Sie mit Ihrer neuen Rolle als Mutter oder Vater eines Krippenkindes zurechtkommen? Von diesem Gefühl der Leere und des Verlassenseins berichten häufig Eltern, denen die Eingewöhnung ihres Kindes gut gelungen ist. Wir möchten Ihnen dazu raten, nicht allzu lange in diesem Gefühl zu verharren.

TIPP:

- *Registrieren Sie in Ruhe, wie es Ihnen im Moment geht, konzentrieren Sie sich auf sich selbst, indem Sie sich in Erinnerung rufen, was Sie als Eltern in den Monaten der Schwangerschaft, nach der Geburt bis hin zur Eingewöhnung Ihres Kindes geleistet haben.*
- *Versuchen Sie stolz darauf zu sein, dass Ihnen Ihre Elternschaft bis dahin so gut gelungen ist. Ihr Kind hat einen wichtigen Schritt in seinem Leben bewältigt.*
- *Sie können nun in Ihr Arbeitsleben zurückkehren. Sie haben wirklich allen Grund, glücklich sein.*

Nach der vierten Woche

Und was macht man, wenn die Eingewöhnung nicht so gelingt wie hier beschrieben? Nicht bei allen Kindern klappt sie gleich gut. Die Ursachen sind vielfältig: Manchmal bringen es Eltern emotional einfach nicht übers Herz, ihr Kind abzugeben, und diese Unsicherheit spüren die Kinder bei jedem Trennungsversuch. Leider „vergeigen" auch manche Krippen diesen sensiblen Prozess, indem die zuständige Bezugserzieherin wegen schlechter Personalplanung während der Eingewöhnung mehrfach wechselt. Und es gibt Kinder, die einfach noch nicht so weit sind, sich von den Eltern zu trennen und in einer neuen Umgebung Fuß zu fassen – egal ob das am Entwicklungsstand des Kindes oder an seinem Bedürfnis nach Nähe und Sicherheit liegt.

Sollten Sie diese Erfahrung machen, geben Sie Ihrem Kind noch ein wenig Zeit, so belastend sich das auch gerade für Ihre Lebensplanung anfühlen mag. Schon einige Wochen später lohnt es sich, einen neuen Versuch zu wagen: Ihr Kind entwickelt sich schnell fort!

Zusammengefasst

1. Es gibt keine zeitliche Festlegung, wie lange die Eingewöhnung dauert. Geplant sind in der Regel zwei Wochen.
2. Neben dem Bindungsverhalten der Kinder spielt auch die innere Bereitschaft der Eltern, ihr Kind loszulassen, eine Rolle.
3. Viele Eltern nehmen die Eingewöhnung als Hürde wahr. Dabei ist sie positiver Stress für die Kinder, an dem sie wachsen.
4. In den ersten Tagen bleiben Sie mit Ihrem Kind ein bis zwei Stunden in der Krippe, danach einen Vormittag.
5. Wenn die Eingewöhnung auch nach vier Wochen noch nicht klappt, geben Sie Ihrem Kind etwas Zeit. Schon einige Wochen später können Sie einen neuen Versuch wagen.

Brücken zwischen den Welten bauen

Mit dem Ende der Eingewöhnung naht der Moment, wo wir beide – Helene und ich – nicht mehr automatisch umeinander wissen. Wie wird Helene klarkommen, wenn sie plötzlich Heimweh bekommt? Und werde ich davon etwas mitbekommen?

Denkst du an mich, wenn du anderswo bist? Diese Frage, die Eltern rund um die Eingewöhnung gedanklich häufig an ihr Kind richten, ist klar mit Ja zu beantworten. Zwischen Phasen, in denen Ihr Kind in all den neuen Eindrücken völlig versinken wird, kommen immer wieder Momente, in denen es an daheim denkt – mal schmerzvoll, weil es nicht immer einfach ist, sich in dieser neuen Welt zu bewegen, oft genug auch einfach nur so. Weil es Kleinkindern aber gar nicht so einfach fällt, gedanklich in eine andere Welt zu wandern, ist es gut, ihm eine Hilfe mitzugeben. Eltern und Erzieherinnen in vielen Krippen haben gute Erfahrungen mit einem sogenannten Ich-Buch gesammelt: Dafür wählen die Eltern eine Reihe von Fotos aus dem Leben des Kindes aus – Eltern, Geschwister, Einblicke in das Zuhause, geliebte Dinge – und füllen damit ein kleines Fotoeinsteckalbum. Gut ist es, wenn auf der Rückseite jedes Fotos vermerkt ist, wer oder was darauf zu sehen ist, damit die Erzieherin mit dem Kind darüber sprechen kann, wenn es das möchte.

Dieses Ich-Buch können Sie der Erzieherin Ihres Kindes aushändigen und sie bitten, es vielleicht sogar so aufzubewahren, dass Ihr Sohn oder Ihre Tochter es sich bei Bedarf holen kann. In Momenten des Heimwehs kann das Kind das Buch durchblättern und an daheim denken, und es tut ihm gut, wenn sich die Erzieherin dazu setzt und ein einfaches Gespräch über die abgebildeten Personen und Dinge führt: „Und das ist also deine Oma, ja?"

Vielleicht ist es auch möglich, den Spieß umzudrehen und nach einigen Krippentagen auch ein paar Fotos von dort nach Hause zu bekommen, um so mit wenigen Worten, aber viel Zeit beim Betrachten, den Krippentag daheim nachzubereiten – fragen Sie einmal die Erzieherin, ob das geht!

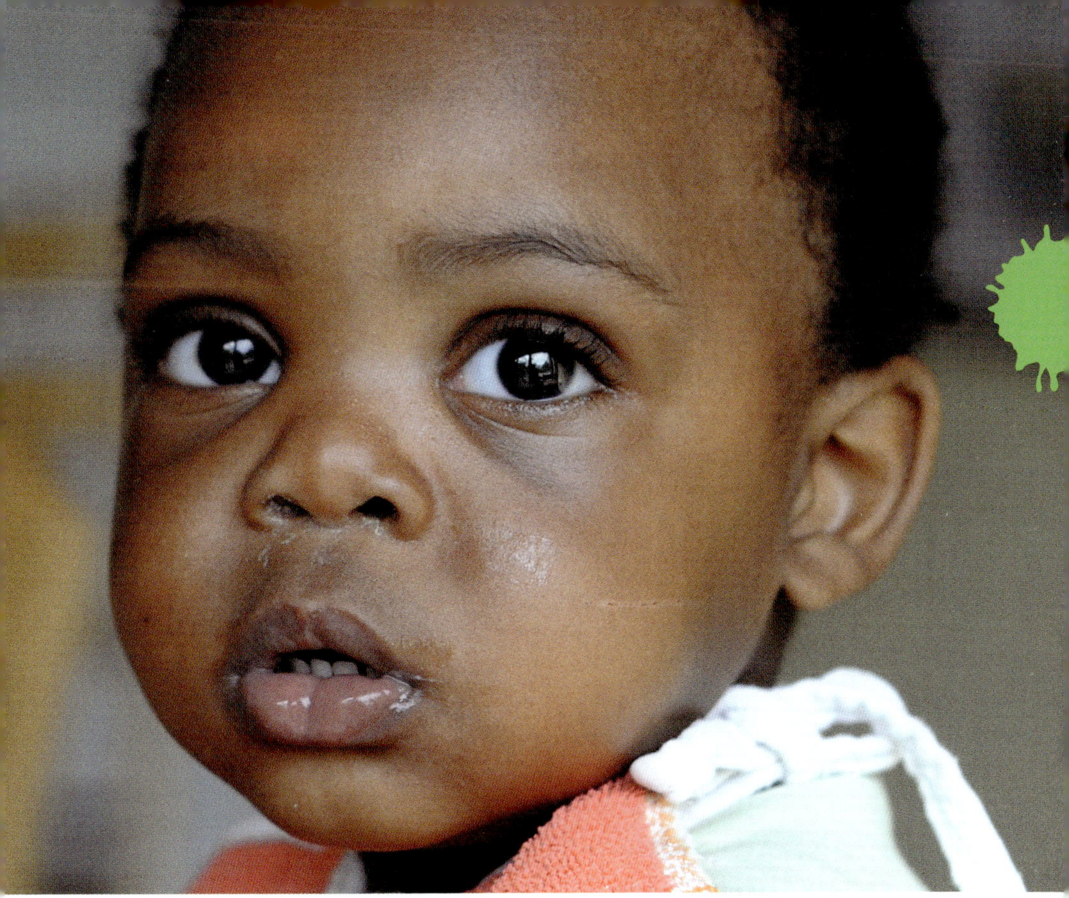

Sinnvoll ist es auf jeden Fall, für die ersten Wochen nach der Eingewöhnung, die gerade auch für Sie als Eltern emotional bewegend sind, auch in schriftlicher Form eine Brücke zwischen den zwei Welten Zuhause und Krippe zu schlagen. Regen Sie bei der Bezugserzieherin an, ein kleines Pendelheft zu führen, in dem ganz kurz festgehalten wird, was es dem jeweils anderen über die Zeit in der Krippe, aber auch die daheim, mitzuteilen gibt. Ein kleines Schulheft im DIN-A5- oder DIN-A6-Format reicht aus, um zu übermitteln, dass Helene heute nur einmal vor dem Mittagsschlaf kurz geweint oder intensiv mit den Bällen gespielt hat – oder dass sie in der letzten Nacht unruhig schlief und vermutlich den neuen Tag etwas „gnätschig“ verbringen wird. Sprechen Sie mit der Erzieherin ab, dass dieses Heft Ihnen für eine Übergangszeit – vielleicht bis drei Wochen nach der Eingewöhnung? – wichtig ist, damit sie keine Angst vor einer fortwährenden Zusatzbeschäftigung haben muss.

Zusammengefasst

1. Ab und zu wird Ihr Kind Heimweh bekommen. Geben Sie ihm eine gedankliche Hilfe mit, damit es von der Krippenwelt in die Zuhausewelt wandern kann.

2. Bewährt hat sich ein Ich-Buch in Form eines kleinen Fotoalbums, das geliebte Menschen, Spielzeuge und das Zuhause zeigt. Vermerken Sie auf den Rückseiten, was darauf zu sehen ist. Dann kann die Erzieherin mit dem Kind darüber sprechen.

3. Fragen Sie die Erzieherin, ob Sie auch ein paar Fotos aus dem Krippenalltag bekommen können, um so den Tag daheim nachzubereiten.

4. Für die Übergangszeit, die bis zu drei Wochen nach der Eingewöhnung dauert, können Sie anregen, ein Pendelheft zu führen. Darin wird kurz festgehalten, was es dem jeweils anderen über die Zeit in der Krippe, aber auch daheim mitzuteilen gibt.

Wenn die Erzieherin ein Er ist

Von Ronjas erster Erzieherin hatte ich eine ziemlich konkrete Idealvorstellung: So eine sanfte, ältere Dame, mit mütterlicher Figur, die meinem Baby ganz viel Geborgenheit vermitteln kann. Doch Ronja wird die ersten Krippenjahre bei Matthias verbringen. Der ist nett, irgendwie auch rührend mit den Kleinen… und trotzdem brauche ich Zeit, mich daran zu gewöhnen, dass auch ein Mann ein guter Krippenerzieher sein kann.

Wie soll der Mensch sein, in dessen Hände ich mein Kind zum ersten Mal übergebe? Wahrscheinlich ist für junge Eltern diese Frage viel konkreter als die nach dem richtigen Krippenkonzept – und das hat gute Gründe: Meistens ist die Krippenerzieherin die erste intensive Bindungsperson nach Eltern und Geschwistern, und das sollte natürlich nicht irgendwer sein.

Welche Erwartungen verbinden wir mit der passenden Erzieherin oder Lehrerin für unser Kind? Vielleicht geht es vor allem um eine freundliche, faire, einfühlsame Behandlung unseres Kindes, die wir durch bestimmte Persönlichkeitseigenschaften gesichert sehen.

Dazu muss man allerdings sagen: Je professioneller das Team der Krippe arbeitetet, desto weniger Gewicht kommt der Persönlichkeit der einzelnen Erzieherin zu. Je klarer sich das Team geeinigt hat, welche Grundwerte es in seiner Arbeit umsetzen will, welche Grundbedürfnisse den Kindern zugestanden werden und wie Kolleginnen und Leiterin gegenseitig aufeinander achtgeben wollen, ob die Kinder liebe und respektvoll behandelt werden, desto weniger hängt die Frage nach dem Wohlbefinden eines Kindes einzig und allein an der Erzieherpersönlichkeit.

Trotzdem bringt jede Erzieherin und jeder Erzieher natürlich ihre oder seine unverwechselbare Persönlichkeit in die Einrichtung ein, und schon kleine Kinder sind gut darin, das zu erkunden. Es bringt Vielfalt in ihr Leben, wenn jede Erzieherin den Alltag in der Gruppe auf ihre Weise bereichert, ihre Überzeugungen und Vorlieben einbringt und die Kinder auf eine unverwechselbare Weise prägt. Gerade weil das deutsche Bildungswesen zumindest in den ersten Jahren so sehr von Frauen geprägt ist, erscheint es in diesem Zusammenhang besonders positiv, dass Ronja oder Kasimir schon zu Beginn einmal einen Mann in der Rolle des Betreuers erleben.

Ohnehin: Dass die Kinder von einem Mann zum Spiel eingeladen, gefüttert, gewickelt und getröstet werden statt von einer Frau, wird weder dem Mädchen noch dem Jungen ungewöhnlich vorkommen – ganz anders als den Erwachsenen, die dieses Bild nicht gewohnt sein mögen. Vielleicht spielt es beim Singen eine Rolle, dass sich die Stimme von Matthias tiefer anhört, und der Bart mag kratzen, aber beides sind Ronja und Kasimir auch vom Vater gewöhnt – aber ob der Erzieher ruppiger oder sanfter agiert als seine Kolleginnen, liegt an seinen Charakterzügen oder der Tagesform, wohl kaum am Geschlecht.

Und die Debatten über Missbrauch? Es ist gut, dass sie rege geführt wurden, um in pädagogischen Einrichtungen aller Art eine Sensibilität dafür zu entwickeln, dass man in einem Team aufeinander achten muss, statt jeden seine eigene Sache machen zu lassen. Für Krippen, seit jeher einem von Teamarbeit geprägten Ort, spielt die Problematik jedoch schon rein statistisch im Vergleich zu Familien, Heimen und dem Freizeitbereich eine absolut geringe Rolle. Es spricht also nichts dagegen, dass Matthias der Betreuer von Kasimir und Ronja wird, wenn er ein guter Krippenerzieher ist – und ausgesprochen viel dafür!

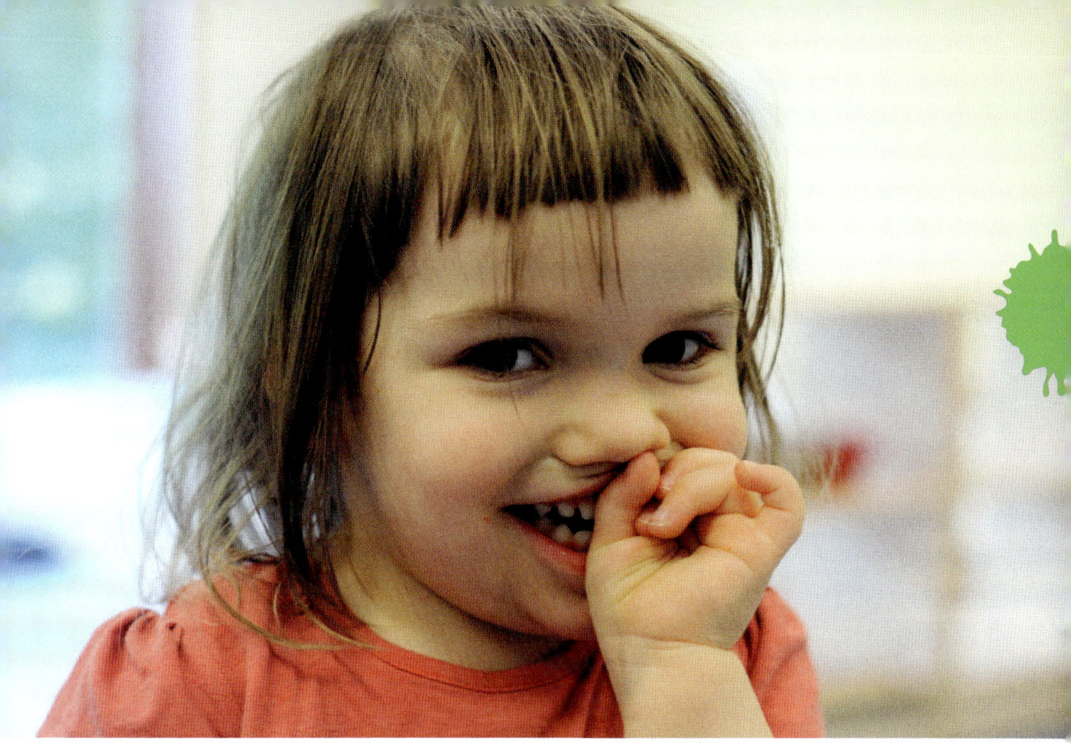

Zusammengefasst

1. Je professioneller das Team der Krippe arbeitet und je klarer die Grundwerte sind, desto weniger Gewicht kommt der einzelnen Erzieherpersönlichkeit zu.

2. Trotzdem bringt es Vielfalt ins Leben der Kinder, wenn jede Erzieherin den Alltag in der Gruppe auf ihre Weise bereichert.

3. Die Kinder finden es nicht ungewöhnlich, von einem Mann gefüttert, gewickelt oder getröstet zu werden.

Die Krippe verstehen: Wie Ihr Kind den Tag verbringt

Ein typischer Tagesablauf

Was erlebt mein Kind den ganzen Tag über? Wahrscheinlich ist es nicht schwer für Sie, von den Erzieherinnen Auskunft über den Ablauf der Tagesphasen in der Krippe zu erhalten. Warum aber werden genau diese Dinge gemacht und keine anderen? Welche pädagogischen Überlegungen stecken dahinter, dass es wahrscheinlich einen Morgenkreis und ein kurzes „Angebot“ gibt? Und auch wenn es logisch ist, dass es eine Mittagsmahlzeit oder eine Ruhephase gibt: Warum sind sie genau auf die Weise gestaltet, die Sie jetzt erleben? Für viele Krippenneulinge ist es eine interessante Entdeckung, dass man ein besonderes Konzept der Einrichtung nicht an einem herausgehobenen Lernangebot erkennt, sondern an der ganz besonderen Weise, wie typische Tagesphasen gestaltet sind.

Wir möchten mit Ihnen in diesem Kapitel durch den Tagesablauf einer typischen Krippe wandern – und zu jeder Tagesstation anhand ein oder zwei Fragen erklären, welche pädagogischen Ziele die Erzieher dabei anstreben. In Bezug auf Öffnungszeiten unterscheiden sich Krippen in Deutschland je nach Bedarf und Region erheblich. Weniger groß sind die Unterschiede im ungefähren Ablauf des Tages. Ein typischer Tagesablauf in einer Ganztagskrippe könnte folgendermaßen aussehen:

IM ÜBERBLICK:

6.00 bis 8.30 Uhr	Ankommen und Spielen in den Räumen
8.30 bis 9.00 Uhr	Gemeinsames Frühstück
9.00 bis 9.30 Uhr	Morgenkreis
9.30 bis 10.00 Uhr	Zeit für ein kleines Angebot: Malen, Sport oder Musik, gemeinsames Lernen von kurzen Reimen, Bilderbuch ansehen etc.
10.00 Uhr bis 11.00 Uhr	Spielzeit
11.00 Uhr bis 12.00 Uhr	Mittagszeit, davor und danach Hände und Gesicht waschen, eincremen, bei Bedarf wickeln
12.00 Uhr bis 14.00 Uhr	Mittagsschlaf
14.00 Uhr bis 14.30 Uhr	Aufstehen, anziehen, waschen, bei Bedarf Windeln wechseln
14.30 Uhr bis 15.00 Uhr	Vesper
Ab 15.00 Uhr	Spielzeit und Abholzeit

Zusammengefasst

1. Ein besonderes Konzept der Einrichtung erkennt man nicht an einem herausgehobenen Lernangebot, sondern an der ganz besonderen Weise, wie typische Tagesphasen gestaltet sind.

2. Der ungefähre Tagesablauf unterscheidet sich in den Einrichtungen jedoch nicht wesentlich.

3. Mit den verschiedenen Tagesstationen verfolgen die Erzieher pädagogischen Ziele.

Rituale und Routinen

Der Alltag mit einem Krippenkind macht mich manchmal wahnsinnig. Eigentlich gibt es nichts, was von selbst läuft, ohne dass ich unruhig oder laut werde. Anderen Eltern scheint es genauso zu gehen. Wie kommt es eigentlich, dass in der Krippe der Tagesablauf meistens ziemlich reibungslos stattfindet, obwohl hier eine ganze Gruppe solcher eigenwilliger Kinder zusammenkommt? Oft scheint dort alles wie am Schnürchen zu laufen – was ist der Trick? Bin ich im Vergleich zu den Erziehern einfach unfähig? Oder wird die reibungslose Atmosphäre in der Krippe durch Gruppendruck erkauft, durch den kleine Kinder ihre Bedürfnisse zurückstellen, um sie dann daheim umso energischer herauszulassen?

Vorweg gesagt: Nicht in jeder Krippengruppe könnte diese Frage entstanden sein – natürlich gibt es Krippengruppen, bei denen der Tagesablauf genauso störungsanfällig läuft wie man es daheim mitunter beklagen mag. Betrachten wir jedoch das Tagesgeschehen in einer guten Krippengruppe, begleitet durch eine routinierte Pädagogin, so fällt durchweg auf, dass die Erzieherinnen dort wenig zu drängeln, rufen und meckern haben, und die Kinder trotzdem nicht den Eindruck machen, als kämen ihre Bedürfnisse zu kurz.

Eine entscheidende Rolle spielen dabei Rituale und Routinen. Der Alltag in einer Krippe ist geprägt von Handlungen und Aktionen, die immer in der gleichen Reihe aufeinanderfolgen: Nach der Begrüßung kommt der Morgenkreis, danach vielleicht ein Angebot, später das Mittagessen. Diese klaren Abläufe verschaffen den Kindern Orientierung: Sie wissen, was als nächstes kommt und können sich darauf einstellen. Für Kleinkinder ist das besonders wichtig, weil sie ja ansonsten wenig Möglichkeit haben, sich auf bevorstehende Ereignisse einzustellen oder sie so aktiv einzuleiten, wie wir es gewohnt sind: Wer weder auf die Uhr schauen kann, ob es bald Essen gibt, noch sich selbst ein Brot abschneiden kann, ist dankbar für Hinweise, was als nächstes passiert.

Gute Erzieherinnen arbeiten auch innerhalb und zwischen solchen Tagesphasen mit Routinen, zum Beispiel mit gesungenen oder gesprochenen Zeilen, die einen Wechsel in der Aktion vorbereiten, oder durch Präsentieren bestimmter Gegenstände. Solche nonverbalen Signale zeigen den Kindern auch ohne viele Rufe und Aufforderungen, was als nächstes ansteht: Immer, wenn die Erzieherin den Kreisel holt, treffen wir uns gleich im Kreis. Immer, wenn sie das „Händewaschenlied“ ansingt, gehen wir ins Bad, und dann gibt es Essen.

Solche Rituale kann man also dazu einsetzen, dass alles in der Krippe „wie am Schnürchen“ läuft. Aber es gibt Grenzen des Ritualisierens im Tagesablauf: Die individuellen Bedürfnisse jedes einzelnen Kindes sollten nicht einem festgelegten Zeitplan unterworfen werden. Rituale können darauf einstimmen, dass bald das gemeinsame Essen oder der Mittagsschlaf anstehen – aber wer vorher müde oder hungrig ist, muss trotzdem schon dann etwas zu knabbern oder Zeit zum Ausruhen bekommen!

TIPP:

- *Rituale aus der Krippe übernehmen (zum Beispiel Liedzeilen für das Zähneputzen, Einschlafen), um von deren Wirkung auch zu Hause profitieren zu können.*
- *Eigene Rituale und nonverbale Signale für Ihre Abläufe daheim entwickeln.*
- *Für eine immer wiederkehrende Handlungsfolge im Nachmittagsprogramm sorgen, ohne dabei langweilig zu werden: Nach dem Kindergarten geht es immer auf den Spielplatz, aber nicht jeden Tag auf denselben.*

Zusammengefasst

1. Für Kleinkinder sind wiederkehrende Abläufe sehr wichtig, um sich darauf einzustellen, was als nächstes kommt.

2. Nonverbale Signale können einen Wechsel gut einleiten. Dazu gehören gesungene Zeilen oder das Präsentieren bestimmter Gegenstände.

Im Morgenkreis den Tag begrüßen

Morgenkreise gibt es in vielen Schulen und Kitas, und da machen sie für mich Sinn. Bei den ganz Kleinen stelle ich mir so einen Kreis eher strapaziös vor. Widerstrebt es ihnen nicht, so lange auf einer Stelle zu sitzen? Und was können sie überhaupt beim Kreis machen – reden und zuhören ja wohl noch nicht?

Viele Krippen beginnen den Tag „offiziell" mit einem Morgenkreis. Meistens findet diese Zusammenkunft zu der Zeit statt, zu der alle Kinder der Gruppe eingetroffen sind. Der Morgenkreis geht allen Angeboten des Tages voraus. Typisch sind wiederkehrende Abläufe: Zu Beginn holen die Kinder in vielen Krippen ein Morgenkreiskissen und legen es an seinen Platz in der Runde, wonach der Kreis mit einem bereits bekannten Lied eröffnet wird, bei dem die Kinder mitklatschen können – oder sogar einige Worte mitbrummeln. Vielleicht kommt auch ein Maskottchen zum Einsatz – eine kleine Handpuppe, ein Kuscheltier oder eine andere Spielfigur, mit dem die Erzieherin die Kinder begrüßt oder auf bestimmte Themen einstimmt. Diese wiederkehrenden Abläufe sind mit dafür verantwortlich, dass schon ganz kleine Kinder sich gerne und auch längere Zeit auf den Kreis einlassen. So sehr kleine Kinder im Beisein der Eltern – oder der Erzieherin – bockig sein können und sich vielen Aufforderungen nicht fügen mögen, entspricht es doch ihrer Natur, sich in gemeinschaftliche Abläufe zu integrieren.

Natürlich spielt es eine Rolle, wie viel die Kleinen bei dem Kreis mitmachen können. Ein Morgenkreis, der den Kindern Spaß macht, umfasst viele Aktionsmöglichkeiten, angefangen vom Einrichten des Sitzplatzes über Bewegungsspiele und vertraute Liedzeilen. Morgenkreise dienen schon in der Krippe dazu, die Kinder auf den vor ihnen liegenden Tag einzustimmen: Die Kinder erfahren in der Runde, mit wem sie heute den Tag verbringen werden, und mit einfachen Mitteln kann ihnen die Erzieherin erklären, was heute auf dem Programm steht. Schon in der Krippe ist der Morgenkreis also ein Gesprächskreis. Bei Krippenkindern, die nur wenige Worte sprechen können, mag die Vorstellung irritieren – aber die Kleinen verstehen schon lange deutlich mehr, als sie selbst sagen können. Eine langsam und gestenunterstützt sprechende Erzieherin kann den Kindern im Kreis also schon eine Menge mitteilen!

Sprachfördernd ist der Kreis auch durch die Singspiele, die dazu gehören. Die aufgesagten, gesungenen, durch Bewegung begleiteten Zeilen prägen sich gut bei den Kindern ein. Ein wenig mag uns das an Fremdsprachenunterricht erinnern: Auch in Kursen wird Sprache oft vermittelt, indem die Teilnehmer sie in einen rituellen Ablauf eingebettet erleben, zum Beispiel eine immer nur leicht variierte Begrüßungssituation.

TIPP:

- *Das Kind pünktlich zum Morgenkreis in die Krippe bringen.*
- *Das Morgenkreislied lernen und mit dem Kind zu Hause singen.*
- *Mit dem Kind, den Kuscheltieren oder Puppen den Morgenkreis nachspielen.*

MORGENKREISLIEDER:

Den Tag mit einem Lied zu begrüßen macht kleinen Kindern Spaß. Hier haben wir einige typische Morgenkreislieder aufgeführt – vielleicht auch für daheim geeignet.

Für die ganz Kleinen:

Guten Morgen, guten Morgen, wir winken uns zu!
Guten Morgen, guten Morgen, erst ich und dann du!

Für die Mittleren:

Guten Morgen,
ein neuer Tag beginnt,
wir sitzen hier im Kreise,
weil wir so fröhlich sind.

Für die Großen:

Der Vogel singt, die Katze schnurrt.
Guten Morgen! Guten Morgen!
Der Hahn, der kräht, die Taube gurrt.
Guten Morgen! Guten Morgen!

Das Auto hupt, es brummt die Bahn.
Guten Morgen! Guten Morgen!
Die liebe Sonne strahlt dich an:
Guten Morgen! Guten Morgen!

Der Hund, der bellt, der Frosch, der quakt:
Guten Morgen! Guten Morgen!
Und auch die kleine Tina sagt:
Guten Morgen! Guten Morgen!

Zusammengefasst

1. Es entspricht der Natur von kleinen Kindern, sich in gemeinschaftliche Abläufe zu integrieren.

2. Ein Morgenkreis sollte viele Aktionsmöglichkeiten bieten, vom Einrichten des Sitzplatzes bis zu Bewegungsspielen.

3. Die Erzieherin kann gestenreich erklären, was heute auf dem Programm steht. Auch kleine Kinder verstehen deutlich mehr, als sie sprechen können.

4. Besonders geeignet für Kinder und zudem sprachfördernd sind vertraute Liedzeilen und Singspiele.

Mahlzeit! Vom Essen in der Gruppe

Eine tolle Mahlzeit stelle ich mir so vor: Man setzt sich an den gedeckten Tisch, bekommt aufgetan, wünscht sich guten Appetit und isst dann gemeinsam. In Annas Krippe ist das anders: Die Kinder tun sich selber auf, wobei regelmäßig etwas daneben geht. Spaß scheint es den meisten Kindern zu machen, aber weil das Ganze eine Weile dauert, fängt die Hälfte der Kinder erst mit dem Essen an, wenn die anderen schon fertig sind.

An das Essen in Einrichtungen wie der Krippe werden hohe Erwartungen gestellt: Gesund soll es sein, lecker natürlich auch, und vor allem sollen die Kinder etwas erleben können, was in vielen Familien nicht mehr selbstverständlich dazu gehört: das Ritual einer gemeinsamen Mahlzeit. Diese Erwartung ist absolut berechtigt – aber Krippen sollten nicht den Fehler machen, deswegen Mahlzeiten in einer Form anzubieten, die es den Kindern von Anfang nicht zum Genuss macht, daran teilzunehmen.

Tatsächlich sollte eine gute Krippe das Essen wie viele andere Momente des Tages als Möglichkeit begreifen, den Kindern zu zeigen, wie man gut miteinander auskommen kann. Aber das muss in einer Form geschehen, die die Kinder entsprechend ihrem Entwicklungsstand verstehen können. Alles andere wäre sinnlos: Kleinkinder verstehen nicht, dass es als eklig gilt, ins Essen zu fassen oder zu schmatzen, weil sie all diese Dinge mit Lust tun – und sich ganz bestimmt nicht beim anderen daran stören.

Was kann man an sozialem Verhalten erfahrbar machen? Krippenkinder können beim Essen erleben, dass es schön ist, sich gegenseitig beim Auftun zu helfen, sich also Schüssel und Krug zuzuschieben. Sie sollten erleben dürfen, wie angenehm es ist, wenn man zusammen lacht und spricht, statt gegenseitig den Krach zu übertönen. Sie sollten erfahren können, dass es gut ist, wenn einer den Dreck, der beim Essen entsteht, auch wieder wegwischt.

Wie isst man mit Messer und Gabel, und wann kommt der Löffel zum Einsatz? Für Krippenkinder sollten solche Fragen nichts mit gutem Benehmen und

Rücksicht aufeinander zu tun haben. Warum auch – die Kleinen interessieren sich schließlich aus ganz anderen Gründen für die Handhabung von Messer und Gabel. Für sie sind das interessante Werkzeuge, deren Benutzung sie bei Älteren erleben und die sie nun gerne ergründen. Für Kleinkinder ist das Essen mit Besteck ein gerne gespieltes Spiel, das wir ihnen nicht durch Ermahnungen und Aufforderungen verleiden sollten.

Wie muss eine Mahlzeit angeboten werden, damit sie für Kleinkinder ein Genuss ist – und die Teilnahme an ihr ein positives Erlebnis?

TIPP:

- *Bei der Auswahl von Kleidung daran denken, dass Kleinkinder sich beim Essen fast zwangsläufig schmutzig machen – und ausreichende, von Ihrem Kind gerne getragene Wechselwäsche mitnehmen.*
- *Dem Kind auch beim Essen daheim andere Erfahrungsmöglichkeiten zugestehen, als Sie es bei älteren Kindern zulassen würden. Es reicht völlig, wenn Sie so essen, wie Sie es von Ihrem Kind erwarten – kleine Kinder sind große Nachmacher!*

Selbstständiges Handeln:

Kleine Kinder lieben und brauchen es, Dinge selber machen zu können. Wo immer sich eine Möglichkeit bietet, eine interessante Tätigkeit ausprobieren zu können, wollen sie dies tun. Der Vorgang des Auftuns – also das Transportieren von Speisen mit einem Löffel von Schale zu Teller oder das Eingießen von Saft und Tee – interessiert fast jedes Kind. Wie schade wäre es, wenn das den Kindern nicht gestattet wäre. Zudem können auch kleine Kinder beim Essen gleichzeitig mehrere wichtige selbstständige Entscheidungen treffen: Wie viel möchte ich auf dem Teller haben? Welche Speise möchte ich nicht essen? Wie und in welcher Reihenfolge möchte ich die Speisen auf dem Teller anordnen?

Feinmotorik trainieren:

Auch beim Essen selbst gilt es Fähigkeiten auszuprobieren und zu erweitern. Kleine Kinder betrachten jede Aktivität und so auch jede Mahlzeit als Erfahrungsmöglichkeit, um das Hantieren mit Werkzeug, also mit Besteck, zu erproben. Natürlich ginge es schneller, wenn der Erzieher den Kindern das Essen zerteilen würde und unsichere Kinder füttern würde – aber wie schade wäre es um all die Erfahrungen, die ein Kind beim Zerlegen der Banane oder dem Transport der Nudeln vom Teller in den Mund machen kann!

Mit allen Sinnen erfahren können:

Brokkoli und Kartoffel, Nudel und Fischstäbchen sind für kleine Kinder nicht nur Ernährung, sondern auch interessante Dinge, die es zu untersuchen gilt. Kleinkinder werden es nicht einsehen, dass es nicht gerne gesehen ist, wenn man das Fischstäbchen erst einmal häutet, um das Innere zu betrachten, bevor man es eventuell isst. Aber sie haben Recht: Wenn wir es wichtig finden, dass Kinder unterschiedlichste Lebensmittel kennenlernen sollen, müssen wir ihnen auch erlauben, diese auf verschiedene Weise zu probieren – und nicht nur mit dem Mund.

Kleinkinder brauchen es schließlich, interessante Materialien nicht nur mit der Hand und dem Auge zu untersuchen, sondern sie beispielsweise auch auf der Haut zu spüren und mit ihnen zu hantieren. Kinder, die ihre Finger auch einmal kurz in das Essen tauchen oder den Mund verschmieren und die Speise auf den Löffel nehmen, um sie wieder herabplumpsen zu lassen, mögen außerhalb der Krippe irritieren – aber in der Krippe ist es gut, wenn auch solche Erfahrungen möglich sind, ohne dafür angemeckert zu werden.

Zuwendung erfahren:

Zusammen an einem Tisch zu sitzen erzeugt nicht automatisch ein gutes Gemeinschaftsgefühl. Damit dieses entsteht, brauchen Kleinkinder eine Erzieherin, die mit ihnen am Tisch sitzt, mit ihnen isst und spricht, auch wenn noch nicht jeder antworten kann. In einer guten Krippe sorgt die Erzieherin dafür, dass ihr Platz beim Essen unter den Kindern sein kann, indem sie alle Arbeiten, die sie sonst zum Aufstehen nötigen würden, bereits vorher erledigt hat. Wenn alle Speisen und Getränke in handlichen Schalen und Krügen auf dem Tisch stehen, die Kinder sich selbst bedienen können, wenn Eimer und Lappen für Kleckereien bereitstehen, dann hat die Erzieherin Zeit, um beim Füttern und Essen für eine gute Stimmung am Tisch zu sorgen.

Zusammengefasst

1. Kleinkinder verstehen nicht, dass es als eklig gilt, ins Essen zu fassen oder zu schmatzen. Sie tun diese Dinge mit Lust.

2. Die kindliche Art, Essen zu untersuchen und einzunehmen, sollte ganz selbstverständlich akzeptiert sein.

3. Jede Mahlzeit ist eine Erfahrungsmöglichkeit, um das Hantieren mit Werkzeugen, dem Besteck, zu erproben.

4. Kinder sollten viele Dinge selber machen dürfen. Beim Auftun lernen sie eigene Entscheidungen zu treffen.

5. Um Lebensmittel wirklich kennenzulernen, sollten sie nicht nur mit dem Mund probiert werden dürfen. Anfassen ist erlaubt.

„Isst mein Kind überhaupt was in der Krippe?"

Ida hat nach der Krippe immer einen Riesenhunger. Kein Wunder, denke ich, seitdem mir Eddas Mutter von ihren Eindrücken beim Mittagsessen erzählt hat: Die Teller werden nach dem Essen meist halbvoll wieder ausgekippt, weil den Kindern das Herummatschen wichtiger ist als das Essen – und die Erzieherinnen sie offenbar gewähren lassen. Sollten sie die Kinder nicht wenigstens kosten lassen?

Hat er gut gegessen? Auf diese häufige Elternfrage antworten Krippenerzieherinnen sehr unterschiedlich. Manche Kinder verschlingen tagtäglich oder auch phasenweise riesige Mengen Essen, während andere wie ein Vögelchen am Teller nippen – und den Großteil des Essens im Abfalleimer landen lassen. Klar, dass Sie sich als Eltern fragen, ob sich Ihr Kind trotzdem gut entwickelt – und woran es eigentlich liegt, dass manche Kinder so viele Speisen nicht anrühren. Klar ist auch, dass Eltern wie Erzieherinnen überlegen, wie man mit sanftem Druck dagegen halten könnte („Du musst mindestens ein Kostehäppchen probieren!") – aber sinnvoll ist das nicht.

Kleine Kinder haben besondere Essgewohnheiten, die darin gründen, dass sie jedes einzelne Lebensmittel gerade neu entdecken und ihre Geschmacksnerven noch nicht von Salz- oder Zuckerzugaben und anderen Zusatzstoffen verwirrt sind. Zudem, so haben Entwicklungsbiologen festgestellt, verfügten unsere Vorväter wahrscheinlich über ein „Programm", das den Kindern half, gute von schlechten Nahrungsmitteln zu unterscheiden: Rot steht darin für reif und süß, während die Farbe Grün bitter signalisiert. So haben es unsere Vorfahren in der Urzeit gehalten – und diese intuitive Ablehnung gegenüber grünen Nahrungsmitteln ist den Kleinkindern wahrscheinlich erhalten geblieben (vgl. Renz-Polster: *„Menschenkinder"*). Was das Kind aber einmal als „gefährlich" eingestuft hat, wird dieses Prädikat nicht so einfach los: Auch bei einem noch

so kleinen Probierhappen wird das Kind Brokkoli oder Spinat als bedrohlich wahrnehmen – und sich auf das Geschmackserlebnis gar nicht einlassen, von dem wir hoffen, dass es sie überzeugen könnte. Versuchen Sie also nicht mehrmals, Ihren Nachwuchs mit Spinat zu traktieren, wenn Sie es ein- oder zweimal erfolglos probiert haben! Besser ist es, eine Weile abzuwarten und dann von neuem die Speise dem auf der nächsten Entwicklungsstufe angekommenen Kind ohne Druck anzubieten.

Oft liegt es an der Darreichungsform, ob Kleinkinder ihren Teller gerne leer essen. Kleinkinder mögen die Dinge gerne einzeln, und so ziehen sie es auch vor, die Nahrungsmittel einzeln auf dem Teller präsentiert zu bekommen. Möhren, die in schleimiger Soße schwimmen, werden dann abgelehnt, obwohl das Kind Möhren eigentlich mag. Quark in einem Schälchen und das Obst separat dazu kommen besser an als Quark mit Fruchtstückchen. Viele Kleinkinder würden einen verabscheuten Gemüseeintopf mit Behagen essen, wenn nur alle Kom-

TISCHSPRÜCHE:

Erinnern Sie sich noch an die lustigen Reime aus Ihrer Kindheit, mit denen die Mahlzeit eingeläutet wurde? Es ist ein wenig wie ein Tischgebet. Alle fassen sich an den Händen und sagen gemeinsam einen Spruch auf, der auf das Wünschen eines guten Appetits hinausläuft. Erst dann wird mit dem Essen begonnen. Vielleicht kann in Ihrer Familie Ihr Kind für den Essenspruch zuständig sein? Das wird es lieben!

Piep! Piep! Mäuschen,
bleib in deinem Häuschen.
Stielst du mir mein Butterbrot,
kommt die Katz' und beißt dich tot.
Piep! Piep! Piep! Guten Appetit!

Piep! Piep! Piep!
Wir haben uns alle lieb
und wünschen einen guten Appetit.

Der Tisch ist gedeckt,
dass alles gut schmeckt,
das wünschen wir sehr.
Esst die Teller schön leer!
Guten Appetit!

ponenten einzeln gereicht werden – alle Gemüse in eigenen Schälchen, und die klare Brühe extra. Probieren Sie es aus!

Was tun, um Gewissheit über die Frage zu erhalten, ob das Kind in der Krippe satt wird? Zunächst einmal: Bitte machen Sie sich nicht allzu viele Sorgen. Kleinkinder sind ausgesprochen gut darin, sich die nötigen Nährstoffe zusammenzusuchen – aber nicht durch tägliches Essen von ausgewogenen Mahlzeiten, sondern eher in längeren Phasen, in denen jeweils bestimmte Komponenten bevorzugt werden: Jonas isst mehrere Wochen unheimlich viel Fleisch, um dann wieder Gefallen an Gemüse zu finden.

Ihrer Unsicherheit entgegenwirken können Sie durch Gespräche mit den Erziehern. Fragen Sie danach, welche Speisen Ihr Kind in der Krippe isst und welche es ablehnt – und vergleichen Sie die Antwort mit Ihren Erfahrungen daheim. Manchmal liegt es nur an der Konsistenz, ob etwas gerne gegessen wird oder nicht, und vielleicht ist die Küche der Krippe bereit, auf diesen Wunsch einzugehen. Lesen Sie sich auch den Speiseplan der Krippe durch, um gegebenenfalls gegenhalten zu können: An dem Tag, wo es etwas gibt, was Ihr Kind gar nicht mag, sollten Sie vielleicht abends eine besondere Lieblingsspeise anbieten.

TIPP:

- *Legen Sie ärztliche Atteste über Allergien und daraus resultierende Sonderkostwünsche in der Krippe vor.*
- *Falls die Krippe sich schwertut, bestimmte Ersatzlebensmittel zu besorgen, bieten Sie Ihre Unterstützung an. Die für die Ernährung der Kinder zuständigen Männer oder Frauen werden Ihnen dankbar für eine kleine Schulung in Fragen einer Sonderernährung oder auch für Rezepte sein.*
- *Falls Ihr Kind aus bestimmten Gründen manche Dinge nicht essen kann: Sprechen Sie mit den Erzieherinnen ab, wie Alternativen aussehen könnten und wie Sie Ihrem Kind gemeinsam erklären, warum es zum Beispiel Schweinefleisch nicht essen darf.*
- *Sprechen Sie beim Abholen und Bringen über das Essverhalten des Kindes.*

Zusammengefasst

1. Es ist nicht sinnvoll, auf „Kostehäppchen“ zu bestehen. Besser ist es, eine Weile abzuwarten und dann erneut die Speise anzubieten, wenn das Kind auf der nächsten Entwicklungsstufe angekommenen ist.

2. Entscheidend ist oft die Darreichungsform. Kleinkinder mögen die Dinge gerne einzeln, weil sie die jeweiligen Lebensmittel gerade erst entdecken.

3. Kleinkinder sind gut darin, sich die nötigen Nährstoffe zusammenzusuchen. Aber nicht durch tägliches Essen von ausgewogenen Mahlzeiten, sondern eher in längeren Phasen.

4. Lesen Sie den Speiseplan der Krippe. Dann können Sie zu Hause möglicherweise gegensteuern und das Lieblingsessen Ihres Kindes kochen.

Mittagszeit ist Schlafenszeit

Ich kann mir eigentlich nicht vorstellen, dass Jonas in der Krippe gut schläft, bei dem Theater, das es jeden Abend beim Einschlafen gibt! Da ich aber noch keine entsprechenden Berichte aus der Krippe gehört habe, frage ich mich: Haben die Erzieher einen besonderen Trick, die Kinder zum Schlafen zu bringen? Kann man sich da was abschauen?

Mittagszeit ist Schlafenszeit in der Krippe. Bevor es ins Bettchen geht, gibt es eine frische Windel und eine gründliche Wäsche für Hände und Gesicht. Die Kinder ziehen die Tagessachen aus und die Schlafsachen an. Viele Eltern staunen, wie gut schon Einjährige aus der Strumpfhose herauskommen und wie geduldig sie probieren, das Schlafhemdchen überzustülpen. Kleinkinder lieben Ordnung und verwenden viel Zeit darauf, ihre Sachen zusammenzulegen. Damit es beim An- und Ausziehen nicht zu einem Chaos kommt und am Nachmittag auch jedes Kind seine Sachen wiederfindet, verwenden viele Einrichtungen Körbchen oder Kisten, in die die Kinder ihre Sachen legen können. Diese Behältnisse werden meist am Fußende des Bettes oder der Schlafmatte aufgestellt, sodass jedes Kind seine Sachen schnell wieder zur Hand hat.

Dass auch Kinder, die daheim am liebsten jede Nacht zum Tag machen möchten, in der Krippe schlafen, liegt gewiss an einem Gruppensog – und an Einschlafritualen, die die Kinder allmählich auf die Ruhephase einstimmen. Vielleicht

TIPP:

- *Geben Sie Ihrem Kind wichtige Schlafutensilien wie Schnuffeltuch, Zipfelpuppe oder Schnuller mit.*
- *Kennzeichnen Sie alle Sachen Ihres Kindes mit Namen.*
- *Sprechen Sie mit der Krippenerzieherin oder der Leiterin, wenn Sie bei Ihrem Kind Schlafprobleme beobachten.*

wird eine Geschichte vorgelesen oder ein Schlaflied gesungen. Manche Kinder holen sich noch ihre Schnuller aus dem Schnullerregal oder das Zipfeltuch aus der Garderobe. Wie auch immer das Ritual ausfällt, für die Kinder ist es ein wichtiges Signal, dass es jetzt zur Ruhe geht, nicht mehr gesprochen wird und andere nicht mehr gestört werden dürfen. Die meisten Kinder schlafen problemlos ein, sind sie doch sehr müde vom anstrengenden Spielen und all den Erfahrungen, die es im Schlaf zu verarbeiten gilt. Viele Kinder scheinen nach dem Trubel am Vormittag auch die mittägliche Ruhe zu genießen.

Manche der ganz kleinen Kinder brauchen auch außerhalb der Ruhezeit Schlaf. Eine gute Krippe muss darauf eingestellt sein und für einen ruhigen Raum sorgen, in dem die Kleinen ausruhen können, wann immer sie ihr Schlafbedürfnis übermannt. Nicht selten stellen die Erzieherinnen ein Babyphon auf, um das Schlafen der Kinder zu überwachen.

Müssen Krippenkinder prinzipiell schlafen? Natürlich nicht, auch wenn das noch so praktisch ist für die Erzieherinnen, die die Ruhezeit gut für eine wohlverdiente Pause oder Planung nutzen können. Bei vielen Kindern geht das Schlafbedürfnis schon nach dem zweiten Lebensjahr zurück, sodass diese bei verordnetem Mittagsschlaf ihren Eltern nicht selten sehr lange Abende bescheren können. Anstrengend für das Familienleben – aber noch schlimmer ist es für die Kinder, im Schlafraum ruhig daliegen zu müssen, obwohl man sich hellwach fühlt. Sprechen Sie die Erzieherinnen im Sinne Ihres Kindes darauf an – und bestehen Sie im Ernstfall darauf, dass Ihr Kind in dieser Zeit einer anderen ruhigen Beschäftigung nachgehen darf!

Zusammengefasst

1. Die meisten Kinder sind müde von den vielen Erfahrungen in der Krippe, die sie im Schlaf verarbeiten. Zudem helfen Rituale und der Gruppensog beim Einschlafen.
2. Kleine Kinder brauchen auch außerhalb der Ruhezeit Schlaf. Eine gute Krippe muss darauf eingestellt sein und für einen ruhigen Raum sorgen, in dem die Kleinen ausruhen können.
3. Bei vielen Kindern geht das Schlafbedürfnis nach dem zweiten Lebensjahr zurück. Dann sollten sie bei Bedarf einer anderen ruhigen Beschäftigung nachgehen dürfen. Niemand sollte prinzipiell schlafen müssen.

Wickeln und Zähne putzen

Wie muss ich mir das Wickeln in der Krippe vorstellen? Es ist doch sicher nicht einfach, bei so vielen Kleinkindern immer dann, wenn es notwendig ist, für eine frische Windel zu sorgen. Oder ist es mehr wie eine Fließbandabfertigung, bei der alle Kinder um Punkt eins eine frische Windel verpasst bekommen? Meine Lea würde so etwas doch kaum mitmachen – wenn ich nur an das Theater beim Wickeln zu Hause denke…

Ob in der Krippe oder zu Hause: Den allermeisten Kindern sind Pflegemaßnahmen wie das Wickeln, Zähneputzen, Waschen und Naseputzen mindestens lästig. Es gibt oft Streit deswegen, und in mancher Familie fließen regelmäßig Tränen beim Versuch, doch nur ganz kurz die lästige Prozedur durchzuführen.

Was ist daran für manche Kinder so „zum Schreien"? In allen Pflegesituationen wird der Körper der Kinder an sensiblen Stellen berührt. Viele dieser Situationen kommen ungelegen, weil sie plötzlich die gerade gewählte Aktivität des Kindes unterbrechen. „Ich putz dir schnell die Nase!", „Schnell, kurze Spielpause, du wirst gewickelt." Häufig erklärt man dem Kind, dass die ungeliebte Aktion sowieso nur kurz dauert – aber Kleinkinder haben kaum Verständnis für die Kürze von unangenehmen Situationen, und durch ihre Abwehr sorgen sie ungewollt dafür, dass es nun wirklich eine Weile dauert.

Mehr Zeit ist manchmal weniger Stress: Erfahrene Erzieherinnen stellen sich vor jeder Pflegemaßnahme die Frage: Ist das Kind auf die Aktion vorbereitet? Schließlich brauchen die Kinder auch hier Versteh- und Umschaltzeit. Also kündigt die Erzieherin dem Kind an: „Jetzt will ich dich gleich wickeln!", und wartet, bis das Kind verstanden hat, worum es geht. Ganz wichtig ist, die Kinder auch vor kleinen Handlungen wie dem Umbinden des Lätzchens oder dem Naseputzen anzuschauen, um sie nicht zu überrumpeln.

Unangenehm sind Kleinkindern Pflegemaßnahmen oft auch wegen der damit verbundenen Passivität. Es gefällt ihnen besser, wenn sie selbst körperlich oder gedanklich etwas mitmachen können. Aus diesem Grund haben immer

LEVEL UP!

mehr Wickelboxen Treppen oder Leitern, damit es eine Herausforderung für das Kind gibt, den Platz zu erklimmen.

Auch während der Pflegezeit kann das Kind mithelfen: Schon ganz kleine Kinder helfen gerne, die Nase zu putzen, das Gesicht mit dem Waschlappen zu waschen und die Hände abzutrocknen. Dafür brauchen sie eine Erzieherin, die ihre Handlungen ankündigt. „Jetzt machen wir noch die Ohren sauber", „Jetzt kommen die Backenzähne", „Jetzt wische ich mal den Popel weg!" – jedes Körperteil sollte beim Waschen nicht nur durch Berührung, sondern auch Benennung gewürdigt werden. Eine gute Erzieherin kommentiert das, was sie tut, damit das Kleinkind sich darauf einstellen und die Situation genießen kann. Pflegezeit ist dabei auch Sprachlernzeit. Wer viel mit den Kindern spricht, hilft ihnen, die Sprache zu erlernen.

Wenn das Kind mitmachen kann, nicht überrumpelt wird, sondern vor körperlich unangenehmen Berührungen freundlich gewarnt wird, ist es gar nicht so schlimm, gewickelt oder gewaschen zu werden. Im Gegenteil: Ist das doch einmal eine Situation, in der das Kind die Erzieherin ganz für sich hat. Klar, dass Hektik dabei wirklich fehl am Platz ist. Wenn das Kind weiß, dass ihm danach liebevoll übers Haar gestrichen wird, ist das Naseputzen kein großes Problem. Und so gibt es in guten Krippen mit Erzieherinnen, die den Kindern zugewandt sind, gar nicht so viele Tränen, wie man vielleicht denkt.

TIPP:

- *Darauf achten, dass Sie der Krippe immer ausreichend Windeln, Feuchttücher und Creme für Ihr Kind mitgeben.*
- *Die Sachen der Kinder beschriften, damit beim Umziehen und Windelnwechseln kein Chaos entsteht.*
- *Auch zu Hause die Wickelzeit zu einem Erlebnis für das Kind machen.*
- *Die Selbstständigkeit des Kindes beim Naseputzen, Waschen und Anziehen fördern.*

Leider gibt es aber auch Krippen und Erzieherinnen, die diesen Aspekt zu übersehen scheinen und stattdessen glauben, dass man eine anstrengende Arbeit wie das Pflegen am besten wie am Fließband zügig hinter sich bringt. Und so erlebt man es immer noch, dass ein schnelles „Durchwindeln" aller Kinder zur selben Zeit oder ein hektisches Abwischen der kleinen Münder mit einem Waschlappen Zeit und Kraft sparen soll. Manche Kollegen setzen sich sogar unnötig diesem Druck aus, indem sie die Kinder zu festgesetzten Zeiten wickeln, obwohl mancher gar keine neue Windel braucht, um dann wenig später außerplanmäßig eine weitere Windel verpassen zu müssen. Wenn Sie solch unschöne Pflegesituationen beobachten, sprechen Sie mit den Erzieherinnen darüber!

Zusammengefasst

1. Kündigen Sie Pflegemaßnahmen immer an. So hat das Kind Zeit, sich darauf einzustellen und wird nicht überrumpelt.

2. Vor allem vor körperlich unangenehmen Berührungen sollte das Kind freundlich gewarnt werden.

3. Pflegezeit ist auch Sprachlernzeit. Wer viel mit den Kindern spricht, hilft ihnen, die Sprache zu erlernen.

4. Kleinkinder leiden auch unter der erzwungenen Passivität. Es gefällt ihnen besser, wenn sie selbst körperlich oder gedanklich etwas mitmachen können. Sie können ihr Gesicht mit dem Waschlappen abwaschen oder die Treppe zur Wickelbox erklimmen.

Frische Luft – was gibt's Wichtigeres?

Ich bin froh, dass die Kinder in unserer Krippe viel Zeit draußen verbringen. Mir ist das viel wichtiger als Angebote, Morgenkreise und all das. Kleine Kinder sollten täglich an die frische Luft kommen, das sagt auch mein Kinderarzt. Und meine Zweijährige kann gar nicht genug bekommen vom Rumtoben und der Rutsche im Garten.

Manche Vorstellungen davon, was eine wichtige Aufgabe für Kindergarten und Krippe ist, gibt es schon sehr lange. Zum Beispiel die Sache mit der frischen Luft: Dass es ganz wichtig sei, die Kinder täglich nach draußen zu bringen, wurde schon vor hundert oder zweihundert Jahren gefordert. Alter Zopf oder ewige Wahrheit? Es lohnt sich, einmal über die Aktualität dieser Forderung nachzudenken.

Was macht frische Luft so wertvoll? Für Großstadtkinder vor hundert oder zweihundert Jahren, die in rauchigen und engen Wohnungen aufwuchsen, war die Frage klar zu beantworten: Wer den ganzen Winter in engen, kohlebeheizten und selten belüfteten Räumen verbrachte, dem tat es gut, schadstoffarme Luft zu atmen. Ein anderer Aspekt kam damals hinzu: Schon lange gab es die Idee, „Abhärtung" schütze Kinder vor Krankheiten aller Art. Um Kinder abzuhärten, wurden allerlei Mittel ausprobiert – nicht nur das Fahren der Kinder im Wagen durch den Park oder der Mittagsschlaf auf der Terrasse des Kindergartens, sondern auch die Idee, Kinder eher etwas zu dünn anzuziehen, kalt zu duschen oder auch emotional nicht zu sehr zu „verzärteln". Der Großteil damaliger Vorstellungen kann inzwischen als Unsinn abgetan werden.

Was ist richtig? Der Nase tut es gut, im Winter anstelle trockener Heizungsluft auch kalte Frischluft zu atmen. Für die Sauerstoffzufuhr ist Bewegung an der frischen Luft hervorragend. Andersherum sammeln sich in wenig gelüfteten Krippenräumen im Winter bei all den schniefenden Kindern so viele Bakterien, dass es gut ist, Zeit in besserer Luft zu verbringen.

Andere Gründe, die den Aufenthalt draußen so wichtig machen, wurden früher nicht bedacht: Kleine Kinder brauchen viel Platz, um sich zu bewegen – in Innenräumen stoßen sie mit ihrer noch zu entwickelnden Koordination wortwörtlich zu oft an Grenzen. Draußen ist Platz, um zu rennen und zu toben, ohne dass es allzu laut wird. Aber vor allem gibt es in der unstrukturierten Umgebung, die zumindest naturnahe Gartenbereiche, Wälder und wilde Parks bietet, eine Fülle an Erfahrungsmöglichkeiten, die auch die beste Erzieherin schwer in den Innenraum bringen kann: Insekten und Schnecken, Erde und Steine, Äste und Blätter und Wasser in Form von Pfützen oder Bächen sind interessanter zu untersuchen als alle vorgefertigten Spielzeuge. Ebenso interessant sind aber auch Alltagserfahrungen, die beim Gang vor die Tür warten: der Laden um die Ecke, eine Fahrt mit dem Bus, das Wohnhaus oder der Garten eines Kindes der Gruppe.

TIPP:

- *Geben Sie Ihrem Kind wetterfeste Kleidung mit in die Einrichtung, damit es auch bei Matsch oder Regen draußen spielen kann.*
- *Vergessen Sie nicht, im Sommer Sonnenhut und Sonnencreme mitzugeben.*
- *Machen Sie mit Ihrem Kind viele Naturerkundungen, zum Beispiel im Wald oder im Park. Das kostet nichts und wird auch Ihnen selbst guttun. Und Kinder lieben es, an der Hand von Mama und Papa neues, aufregendes Terrain zu erkunden.*

Es gilt also: Frische Luft ist gut – aber alleine noch nicht viel. Mit „täglich rausgehen" dürfen Sie sich nicht zufriedengeben. Eine gute Krippe geht nicht „raus", weil man das eben so macht, sondern weil draußen wichtige Erfahrungsmöglichkeiten warten. Wenn die Erzieherinnen mit den Kindern das „Draußen" als Ort begreifen, den man erkunden kann und wo man mit vielerlei Material Erfahrungen sammeln kann, ist es hervorragend, dass man täglich rausgeht. Wenn

Kinder nur in einen Wagen gesetzt und durch die Gegend gerollt werden oder im Garten ein wenig über Steinplatten rennen dürfen, während die Erzieherin daneben sitzt, wäre es einfacher gewesen, das Fenster im Gruppenraum zu öffnen.

Zusammengefasst

1. Frischluft ist wichtig, um trockener Heizungsluft zu entkommen und sich ausreichend zu bewegen.

2. Nur „täglich rausgehen“ genügt nicht. Die Erzieherinnen sollten „draußen“ als Ort begreifen, an dem Kinder Erfahrungen machen können.

3. Die unstrukturierte Umgebung lädt zum Entdecken ein.

Abholzeit

Beim Abholen macht die Krippe auf mich überhaupt keinen ruhigen Eindruck! Neulich wäre in all dem Geschrei und Getobe beinahe der kleine Konrad mit einer anderen Familie aus dem Haus gestapft, während seine Mutter noch das Garderobenfach sortierte. Wäre das eigentlich ihr Fehler gewesen – oder der der Erzieherinnen?

In der letzten Tagesphase präsentiert sich die Krippe oft am unvorteilhaftesten. Wenn das Gros der Eltern zum Abholen kommt, wird die Atmosphäre in der Krippe meistens von Unruhe geprägt – kein Wunder, trifft sich doch nun die Krippenwelt mit der Familienwelt. Wenn Sie manchmal beim Abholen der Eindruck beschleicht, die Krippe sei ein ziemlich desorganisierter und unruhiger Ort, können wir Sie beruhigen: Der Eindruck täuscht, denn die Abholsituation mit Kindern, Eltern und Erziehern ist mit der Situation ohne Eltern nicht zu vergleichen. Wie ruhig es tagsüber zugeht, darüber kann der jetzige Zustand mit sich auf den Nachmittag umstellenden und im Spiel von andauerndem Türklingeln unterbrochenen Kindern wenig aussagen.

Ein wenig können Sie als Eltern mithelfen, die Situation in einem möglichst angenehmen Rahmen zu halten. Es ist gut, wenn Sie sich an geltende Raumregeln halten: Beispielsweise ist es vielerorts nicht üblich, den Gruppenraum der Kinder zu betreten, weil jeder Erwachsene mehr den Trubel erhöht. Auch wenn es nicht gerne gesehen ist, dass Sie Ihrem Kind eine Begrüßungssüßigkeit geben, sollten Sie diese Regel unbedingt beherzigen.

Achtung: In der Abholzeit muss die Einrichtung besonders auf Sicherheit achten und abgestellte Handtaschen oder manchmal sogar Gepäckstücke von Eltern oder unachtsam platzierte Kaffeetassen sind alles Dinge, die Kinder gefährden können. Leicht könnte jemand stolpern, was besonders schlimm ist, wenn die Person gerade ein Kind auf dem Arm hat. Außerdem sind Krippenkinder bekanntlich auf Handtaschen fixierte Ausräumer und nehmen gerne in den Mund, was sie in Windeseile herausgekramt haben – gefährlich bei Tabletten,

Zigaretten und anderen Dingen aus der Handtasche! Umstürzende Kaffetassen bergen zudem eine hohe Verbrühungsgefahr.

Wichtig ist auch, dass alle Abholenden darauf achten, dass kein Kind entwischt, wenn sie die Tür oder das Gartentor öffnen.

Und die Zuständigkeitsfrage? Juristisch endet die Aufsichtspflicht in dem Moment, indem die Erzieherin Sie bewusst als Abholende wahrgenommen hat. Ab der Begrüßung durch die Erzieherin sind also Sie verantwortlich für Ihr Kind, auch wenn Sie noch eine Weile dableiben, mit anderen Eltern sprechen oder die Erzieherin netterweise Ihr Kind noch einmal kurz wickelt. Es ist gut, sich deutlich sichtbar beim Hereinkommen bemerkbar zu machen (zum Beispiel durch ein persönliches Wort oder indem Sie der Erzieherin kurz die Hand geben), damit die Erzieherin innerlich wie auf einer Anwesenheitsliste Ihr Kind als „abgeholt" abhaken kann.

TIPP:

- *Keine sperrigen oder gefährlichen Dinge in die Krippe mitbringen.*
- *Ihr Kind abmelden und sich klar verabschieden, wenn Sie gehen.*
- *Ab dem Moment der Begrüßung durch die Erzieherin bewusst die Aufsicht für Ihr Kind wahrnehmen.*

Zusammengefasst

1. Die Unruhe beim Abholen ist normal, weil sich nun Krippenwelt und Familienwelt vermischen. Ziehen Sie keine Rückschlüsse auf die Atmosphäre während des Tages. Die ist eine völlig andere.

2. Es ist gut, sich beim Hineinkommen deutlich sichtbar bemerkbar zu machen.

3. Juristisch endet die Aufsichtspflicht in dem Moment, in dem die Erzieherin Sie bewusst als Abholende wahrgenommen hat.

4. Alle Abholenden sollten darauf achten, dass kein Kind entwischt, wenn Sie die Tür oder das Gartentor öffnen.

Spielen oder Lernen?

Wenn ich Tilmans Erzieherin frage, was denn heute auf dem Programm stand, erfahre ich meistens nur, dass entweder draußen oder drinnen gespielt wurde. Sehr selten wird offenbar einmal ein Lied vermittelt oder gar etwas geklebt und gebastelt, wie ich es eigentlich erwartet hätte. Macht man so etwas nicht mehr?

Wenn sie über Bildung in Krippe und Kindergarten nachdenken, denken viele Eltern an konkrete Lernangebote, bei denen die Erzieherin etwas vorbereitet hat und es den Kindern vermittelt und wo meist alle Kinder an einer angeleiteten Aktivität teilnehmen. Tatsächlich haben „Angebote" oder „Beschäftigungen" in einer Krippe oft nur wenig mit dieser Vorstellung gemeinsam. Oft unterscheidet sich das Lernangebot kaum von einem Spiel, nur dass vielleicht der Impuls dieses Mal von der Erzieherin kam – und sie sich während des Spiels immer wieder einbringt.

„Die lernen nicht, die spielen nur!", könnte man denken. Spielen und Lernen sind in vielen Köpfen zwei ganz unterschiedliche Dinge. Spielen bedeutet dann, sich selbst eine Aktivität auszusuchen, während man beim Lernen daran denkt, dass jetzt das Spiel unterbrochen werden muss, um sich zeigen zu lassen, wie etwas geht – auch wenn man darauf vielleicht gar keine Lust hat. Für die Schüler einer weiterführenden Schule mag dieses sogar irgendwie stimmen, nicht aber für Kleinkinder: Ihre angeborene Lernmethode ist es, Dinge spielerisch zu untersuchen. Nur wenn das kleine Kind spielt, kann es lernen.

Trotzdem ist nicht jedes Spiel andersherum eine hervorragende Lernsituation. Das können Sie sich anhand zweier Erwachsenenspiele gut vorstellen: Schach trainiert das logische Denken deutlich mehr als Mau-Mau. Auch bei dem, was Kinder in der Krippe spielen, gibt es beträchtliche Unterschiede in Bezug auf Lernmöglichkeiten. Manche Spiele sind reine Wiederholung von bereits Bekanntem, andere fordern die Kleinen intensiv heraus.

Wenn die Erzieherinnen Lernangebote planen, versuchen sie also eigentlich nur, Spiele in Gang zu setzen, die die Kinder intensiv herausfordern. Gute Spiele bieten vielfältige Erfahrungsmöglichkeiten. Schließlich sind die Kleinen interessiert wie niemals später im Leben, selbst die Welt gründlich zu untersuchen und zu erforschen, und so brauchen sie eigentlich nur Nahrung für diesen Forschergeist. Das können spannende Spielmaterialien sein oder Alltagsdinge, deren Sinn es herauszufinden gilt. Es können auch Vorschläge für Spiele sein, in deren Ablauf die Kinder ihre Erlebnisse nachempfinden und auf diese Weise verstehen können. Um Kleinkindern beizubringen, warum und wie man Geschirr spült, braucht man keinen Vortrag in der Küche zu halten, sondern muss sie einfach zum Rollenspiel verführen, um sie dort die richtige Handhabung der Spülbürste, aber auch die sozialen Komponenten der Hausarbeit im Spiel nacherleben und verstehen zu lassen.

Es ist hilfreich, für die Zeit der „Angebote“ die räumlichen und personellen Bedingungen der Krippe etwas zu verbessern: Für eine Angebotsphase besucht dann die Gruppe einen Raum, der mehr Entfaltungsmöglichkeiten bietet als der übliche Gruppenraum. Oder dieser wird, zum Beispiel für ein Mal- oder Bewegungsangebot, umgebaut, weil sonst nicht großflächig gemalt oder getobt

TIPP:

- *Die Krippe um einen Angebotsplan bitten, damit Sie Ihrem Kind die richtige Bekleidung für diesen Tag anziehen können. Oft finden Angebote im Wochenrhythmus immer an bestimmten Tagen statt, sodass Sie den Arztbesuch auf einen anderen Tag als den mit dem Lieblingsangebot Ihres Kindes legen können.*
- *Sie können am Abend mit dem Kind über das Angebot sprechen und einzelne Lieder oder Bücher auch zu Hause in Ihr Spiel einbauen. So schlagen Sie eine weitere Brücke zwischen den beiden Lebensbereichen Ihres Kindes.*

werden könnte. Auch ist es sinnvoll, dass die Erzieherinnen jetzt die Gruppe teilen, um mit einer Kleingruppe arbeiten zu können: Um einer Erwachsenen etwas abschauen zu können, brauchen gerade kleine Kinder auch einen direkten Draht zu ihr – und der kommt kaum zustande, wenn eine Erzieherin mit zwölf Kindern gleichzeitig ein Angebot durchführt.

Wenn das in Ihrer Krippe so ist, prima; eine solche räumliche und personelle Flexibilität kennzeichnet eine gute Krippe. Ansonsten könnten Sie im Gespräch mit Krippenleitung, Erzieherin und anderen Eltern eine Veränderung anregen.

Zusammengefasst

1. Lernangebote in der Krippe unterscheiden sich oft kaum von einem Spiel. Denn für Kleinkinder gilt: Ihre angeborene Lernmethode ist es, Dinge spielerisch zu untersuchen.

2. Nahrung für den Forschergeist liefern spannende Spielmaterialien oder Alltagsdinge, deren Sinn es zu ergründen gilt.

3. Eine gute Krippe teilt die Gruppe während einer Angebotsphase in Kleingruppen. Denn um Erwachsenen etwas abschauen zu können, ist ein direkter Draht zu ihnen wichtig.

SINGEZEILEN

Etwas singen und die Händchen dazu bewegen, das begeistert schon sechs Monate alte Kinder. Sie können noch nicht mitsingen, aber die Handbewegungen haben sie ganz schnell parat. Ein Beispiel:

Wie das Fähnlein auf dem Turm,
sich kann dreh'n bei Wind und Sturm,
So sollen sich meine kleinen Hände dreh'n,
(Bis hierhin werden die Hände erhoben und gedreht.)
dass es eine Lust ist sie anzusehen.
(Bei dieser Zeile wird geklatscht.)

Kreisspiele sind besonders für Kinder ab dem ersten Lebensjahr geeignet. Sobald die Kinder laufen können, entdecken sie die Möglichkeit, sich im Takt von Musik zu wiegen. Ist das erste Kreisspiel gelernt, kommen schnell immer kompliziertere Bewegungsabfolgen dazu. Natürlich machen Kreisspiele in der Kindergruppe erst so richtig Spaß. Wer tanzt schon gern mit sich allein!

Ich bin ein dicker Tanzbär
und komme aus dem Wald!
(Kinder wiegen sich von einem auf das andere Bein.)
Ich such mir eine Frau aus
und finde sie schon bald!
(Jedes Kind wählt ein anderes Kind aus.)
Ei, wir tanzen hübsch und fein
von einem auf das andere Bein!
(Beide Kinder fassen sich an den Händen und tanzen.)

Kreative Angebote

Neulich wurde zwar offenbar mit Farbe gearbeitet (jedenfalls sah Leons Pullover danach aus), aber sichtbare Ergebnisse gab es keine. Gerade das „Kreative“ liegt den Kindern doch sehr, oder sehe ich das falsch? Manchmal finde ich es schade, dass in unserer Krippe so gar keine diesbezüglichen Aktivitäten laufen. Jedenfalls habe ich noch keine Bastelarbeiten im Fach gefunden …

Für klassische Kindergärten in der Vergangenheit war das typisch: Mindestens zum Muttertag und zum Osterfest fanden die Eltern ein von den Kindern gebasteltes Geschenk im Garderobenfach. Klar, dass es Eltern freut, wenn sie solch ein erstes „Kunstwerk“ des Kindes stolz in den Händen halten und zu Hause an die Wand hängen können.

So schön das jedoch aussehen mag: Zur Arbeit einer Krippe, bei der die Kinder ihrem Entwicklungsstand gemäß gefördert werden, passen solche Basteleien schlecht. Wer einmal selbst mit Kleinstkindern etwas „Kreatives“ herstellen wollte, kennt das: Kleine Kinder verstehen nicht, warum man etwas herstellt. Sie können noch nicht planerisch denken – „Erst mache ich das, um

TIPP:

- *Bekleidung mitgeben, die wirklich schmutzig werden kann – im Extremfall Regenhose und Stiefel!*
- *Den Erzieherinnen sagen, dass Sie keinen Wert auf erzwungene Basteleien legen, aber viel Wert auf Erfahrungsmöglichkeiten für die Kinder mit Kreativmaterial.*
- *Zu Hause ab und zu Ihrem Kind Ton oder Farbe, Papier, Pinsel und Bürste bereitstellen – am besten übrigens draußen oder im Badezimmer! Es wird begeistert sein, mit Mama oder Papa zusammen zu werkeln.*

dann später etwas anderes machen zu können“. Sie leben für den Moment und brauchen es, sich in Erfahrungen ungezielt vertiefen zu können. Das führt dazu, dass sie intensiv die Hände in der herrlich klebrigen Farbe baden, statt sie auf das Blatt oder das Objekt zu drücken. Gestehen Sie auch bei heimischen Beschäftigungen – wie beim Kuchenbacken – Ihrem Kind solche Erfahrungen zu, statt seine Aktivität mit sanftem Druck auf das gewünschte Ergebnis umzulenken!

Den Eltern oder der Tradition zuliebe versuchen manche Krippen trotzdem tapfer, mit den Kindern ein Geschenk herzustellen – mit einem Ergebnis, das meistens eher tragisch wirkt: Oft wissen die Kinder bei dem verschenkten Gegenstand weder, dass er von ihnen selbst stammen soll, noch tut er es wirklich, denn den Großteil der Arbeitsschritte haben natürlich die Erzieherinnen erledigt, während das Kind nur kurz bereit war, daran mitzuwirken. Signalisieren Sie den Erziehern Ihres Kindes, dass Sie solch ein Geschenk nicht brauchen –

vermutlich sind diese Ihnen dankbar dafür. Vielleicht könnte das Thema auch einmal auf einem Elternabend besprochen werden.

Um kein Missverständnis aufkommen zu lassen: Natürlich sollen Kinder im Krippenalter viele Möglichkeiten haben, mit Farbe, Ton und allerlei Materialien „kreativ" tätig zu werden. Kreativität meint in diesem Alter aber zunächst: Die Kinder sollen ausprobieren dürfen, was mit einem Material alles möglich ist. Selten führt dieses Ausprobieren zu wirklich vorzeigbaren „Kunstwerken", doch fast immer kommt es zu einer wertvollen Sinneserfahrung und der – zumindest intuitiven – Antwort auf eine weitere „Was passiert, wenn ich…"-Frage. Und: Anstatt ihnen schon im ganz frühen Alter die Lust am Werkeln durch erzwungene Kunstgeschenke zu nehmen, wird für viele Kinder genau in dieser „Ausprobierphase" der Grundstein gelegt für spätere „Kunstwerke".

Wie so oft im Leben mit Kindern brauchen die Eltern auch hier eine Menge Geduld!

Zusammengefasst

1. Klassische Basteleien für die Eltern passen nicht zum Entwicklungsstand eines Krippenkindes.

2. Kleine Kinder leben für den Moment und brauchen es, sich in Erfahrungen ungezielt vertiefen zu können – ohne mit Druck auf das gewünschte Ergebnis gelenkt zu werden.

3. Für viele Kinder wird genau in dieser „Ausprobierphase" der Grundstein gelegt für spätere „Kunstwerke".

Ihr Kind fördern: Wie Krippenkinder lernen

Entwicklung des Spiels

Im Konzept unserer Krippe wird Spielen großgeschrieben, was ich auch gut finde. Als ich neulich mal tagsüber in der Krippe war, erlebte ich aber überhaupt kein Spiel der Kinder miteinander – die krabbelten oder liefen nur so durch den Raum und suchten für sich irgendeine Beschäftigung. Müsste die Erzieherin sie nicht zu mehr motivieren?

Dass Kleinkinder viel spielen sollen, darüber ist man sich einig. Aber nicht jeder versteht dasselbe unter dem Begriff „Spiel“: Eine Mutter fragte uns kürzlich, welches Gesellschaftsspiel für ihr einjähriges Kind empfehlenswert wäre. Oft wollen Eltern auch wissen, in welchem Alter die Kinder denn normalerweise mit dem Spielen beginnen – und wann das Lebensalter endet, wo sie einfach nur scheinbar ziellos Dinge auskramen. Es ist nicht einfach zu verstehen, dass sich mit solchen Handlungen zeigt, dass Kinder von Anfang an versuchen, in einem „spielerischen“, weil lustorientierten, abwechslungsfreudigen Modus, die Welt zu entdecken – und dabei eigentlich ein ganz ernsthaftes Ziel verfolgen.

Sie haben zu tun. So könnte der erste Eindruck lauten, sieht man einer Gruppe Krippenkinder bei ihren vielfältigen Beschäftigungen zu. Schauen wir genau hin, können wir entdecken, dass die Kinder ihre Tätigkeiten mit einer Intensität ausführen, wie sie vor allem der Beschäftigung mit neuen und wahnsinnig interessanten Sachen eigen ist.

Das oberste Ziel all diesen Tuns der Kinder ist schnell erklärt, und in diesem Punkt unterscheiden sich Menschenkinder wenig von den Nachkommen höherer Tierarten: Sie alle streben danach, ein immer tieferes Bild über die Welt um sie herum zu erhalten. Zuerst untersuchen sie die „Oberfläche“, die offensichtlichen Sachverhalte, um dann immer tiefer in die Materie einzusteigen: Was kann ich mit dieser Welt um mich herum alles anstellen, und wie funktioniert die Sache eigentlich? Ihre Untersuchungen beziehen die Kinder dabei nicht nur auf die Welt, die sie umgibt, sondern auch auf sich selbst: Welche Effekte kann ich mit meinem Körper erzielen? Und wie funktioniert es, diese gezielt anzuwenden? Charakteristisch für uns Menschen wie für andere höhere Lebewesen ist, dass wir bei diesen Untersuchungen danach streben, die besten Funde gewinnträchtig zu verwerten: Wenn das Kleinkind in seinen Zufallsexperimenten mit Beinen und Armen entdeckt, dass man damit ein wenig die eigene Lage verändern kann, wird es automatisch seine Entdeckerfreude auf die weitere Untersuchung und den Nutzen dieser Fähigkeit richten. Sein Arbeitsplan würde dann lauten: Herausfinden, wie die Sache mit der Fortbewegung auf Kommando funktioniert. Ausprobieren, bei Erfolg immer weiter üben.

Folgen die Kinder bei ihren Entdeckungen einem unsichtbaren Plan? Wer bestimmt, welche Themengebiete die kleinen Forscher untersuchen sollen? In den ersten Monaten könnte man antworten: Der Plan entsteht in Eigenregie des Kindes, in Kooperation mit dem Zufall. Immer, wenn das Kind etwas Spannendes entdeckt, entwickelt sich sein Plan weiter. Jetzt aber, wenn das Baby allmählich zum Kleinkind wird, bekommen andere Planautoren größere Bedeutung: Zunehmend wird der Plan auf kooperierender Ebene mit anderen jungen Forschern weitergestrickt, weil sich nun aus dem Miteinander der Krippenkinder viele neue Anlässe ergeben, woran man weiter untersuchen könnte. Kokonstruktion nennt sich das: Wo vorher das einzelne Kind nach der Bedeutung der Dinge, nach Zusammenhängen all der Erscheinungen um sich herum suchte, agieren nun Kleinkinder miteinander, teilen ihre Deutungen untereinander und stiften sich gegenseitig zu neuen Untersuchungen an.

Brauchen die Kinder dabei jemanden, der sie anregt? Nein und ja: Spielideen müssen wir ihnen nicht vorschlagen, auf die kommen sie wirklich von selbst – zum Beispiel, indem sie uns Großen zusehen, was wir machen, um dieses nachzuspielen. Was Kinder ab dem Kleinkindalter noch lange Zeit gebrauchen können, sind hingegen erwachsene Mitspieler, die sich ab und zu in ihre Spielhandlung einbringen. Erwachsene können das Kind im Spiel herausfordern – indem sie gewagte Konstruktionen mit Bausteinen vormachen. Oder indem sie beim Rollenspiel mit einer bisher nicht im Spielplan enthaltenen Verhaltensweise überraschen: Was machst du als „Mama“, wenn ich mich als

Baby überhaupt nicht wickeln lasse? Keine Spiele vorschlagen, aber sich ins Spiel einbringen, um die Kinder herauszufordern: Auch da sind sich Menschen über den Sinn des Spiels mit höheren Tierarten ziemlich einig – denken wir nur an eine Katze im Spiel mit ihren Katzenbabys.

IM ÜBERBLICK: SPIELFORMEN

Innerhalb der ersten drei Lebensjahre entwickeln Kinder nacheinander mehrere Spielformen, die aufeinander aufbauen, aber einander nicht ersetzen. Noch viele Jahre spielen Kinder neben neu entwickelten Spielformen auch solche, die ihnen schon mehrere Entwicklungsstadien vorher Freude bereitet haben.

Manipulieren

Das Baby manipuliert mit den Dingen. So nennen es die Fachleute, wenn das Kind ein über seinem Bettchen angebrachtes Spielzeug in Schwingungen versetzt, an Zipfeltuch oder Rassel saugt, diese schüttelt und Geräusche erzeugt. Besonders im Babyalter wird mit allen Sinnen gelernt. Das Kind untersucht die Dinge nach Fragen wie: Wie schmeckt etwas? Wie fühlt es sich an? Wie klingt es? Wie schwer ist es? Welche Temperatur hat der Gegenstand?

Funktionsspiel

Das Spiel des Menschen beginnt damit, dass Kinder im ersten Lebensjahr ihre Fähigkeiten und Fertigkeiten anwenden, um sie zu erleben und sich darüber zu freuen. Man spricht vom Funktionsspiel, weil das „Funktionieren" der ausgeführten Handlung spielerisch untersucht wird. Spielaufgabe ist, einen bestimmten Effekt herbeiführen zu können. Spielergebnis ist im besten Fall die „Funktionslust": Es klappt! Typische erste Spielhandlungen beim Funktionsspiel sind: Dinge erst ansehen und wieder wegschauen, Dinge greifen und in den Mund nehmen. Mit fortschreitender Entwicklung werden die Handlungen komplizierter.

Konstruktionsspiel

Aus dem Funktionsspiel entwickelt sich bald das Konstruktionsspiel. Wie beim Funktionsspiel geht es dem Spielenden darum, ein bestimmtes Ergebnis zu erzielen und daran Freude zu haben. Aber nun werden bestimmte Handlungen mit Materialien vorgenommen, um ein sichtbares Ergebnis zu gestalten. Dies sind beispielsweise erste bildnerische Betätigungen, Bauen mit Bausteinen oder das Formen mit Sand. Aber dennoch geht es den Kleinen noch lange Zeit eher um den Prozess, den man beim Bauen erlebt, und kaum um das Ergebnis.

Als-ob-Spiel

Nach dem ersten Lebensjahr kommt ein völlig neuer Aspekt zum Spiel des Kindes hinzu: Gegenstände, die ja bisher nur zu untersuchende Materie waren, werden plötzlich mit Bedeutung versehen und damit zu Stellvertretern realer Dinge. Beim Symbolspiel oder „Als-ob-Spiel" nutzen die Kinder Dinge, um erlebte Situationen im Spiel nachzustellen. Die Puppe wird mit Bausteinen gefüttert, der Teddy wird mit einem Lappen gewickelt, und der Stoffhund „schläft ein".

Kinder in diesem Alter benutzen die Gegenstände, wie sie es bei uns Erwachsenen gesehen haben. Das Kind beobachtet, dass wir die Dinge nicht einfach so, sondern mit emotionalem Ausdruck handhaben: Während wir das Handy ans Ohr halten, gestikulieren wir aufgeregt, und den Schlüssel suchen wir manchmal ebenfalls mit bewegter Miene – kein Wunder, dass das Kind, das unsere Blicke aufmerksam verfolgt, nun wissen möchte, was es mit diesen Dingen auf sich hat! Durch unseren Umgang mit Geschirr, Telefon und Schlüssel haben wir diese Sachen mit Bedeutung aufgeladen. Klar, dass sich das Kind in einem unbeobachteten Moment an der Handtasche zu schaffen macht, um seine Untersuchung zu starten. Noch tut es das allein.

Beim Als-ob-Spiel sind die Kinder, meist im ersten Lebensjahr, noch gerne für sich. Sie sitzen dabei gern mit anderen zusammen, beziehen diese aber allenfalls wie Gegenstände in ihr Spiel ein.

Rollenspiel

Im dritten Lebensjahr beginnt sich das Rollenspiel zu entwickeln. Die Kinder haben nun genug mit den Dingen experimentiert und ihre Funktion und Bedeutung untersucht. Sie haben einen Grundstock an Weltwissen erworben, auf dem sie nun aufbauen, um zu neuen Erkundungen aufzubrechen. In diesem Lebensjahr geht es um das eigene Selbst und seine Beziehung zu anderen. In der Wissenschaft spricht man von der Entwicklung der Ich-Bewusstheit. Wer die Welt ausreichend erkundet hat und sich ein Bild von ihr gemacht hat, kann dieses mit anderen teilen.

Ein Zweijähriger beginnt das nachzuspielen, was er selbst erlebt hat. „Kommt, wir spielen Ausflug, Einkaufen oder Auto fahren!“ Und schon wird der Gruppenraum umfunktioniert und werden andere Kinder zum Spielen aufgefordert. Das Kind kann selbst „Spielfigur“ sein. Es kann von ihm selbst erlebte Rollen einnehmen, um zu ergründen, wie es sich anfühlen mag, die Erzieherin, der Vater oder ein Hund zu sein. Anfangs vollziehen Kinder ihre Rollenspiele oft noch parallel zu anderen spielenden Kindern: Sara wickelt gerade die Puppe am Spielwickelplatz, und Lili füttert ihre nebenan am Tisch, aber beide spielen ein eigenes Spiel. Dann dehnt sich das Spiel auf die Gemeinschaft aus. Kinder bekommen von anderen Rollen in deren Spiel zugewiesen oder suchen Mitspieler für eigene Rollenspielkonstellationen. Mit dem Einzug dieser gemeinsamen Rollenspiele wird aus dem Spielraum bald eine wandelbare Bühne, auf der Einrichtungsgegenstände und Materialien wechselnde Requisiten symbolisieren. Es ist wichtig, dass Pädagogen eine große Auswahl geeigneter Materialien bereitstellen, mit denen sich möglichst viele unterschiedliche Spielhandlungen inszenieren lassen.

Regelspiel

Erst gegen Ende des Krippenalters kann man die nun bevorstehende Weiterentwicklung des kindlichen Spiels beobachten: Regelspiele entstehen dadurch, das Kinder den Spielverlauf im Rollenspiel durch bestimmte Regeln strukturieren. Mit typischen Sätzen wie „Im Spiel sind wir …“ oder „Wir wären wohl…" legen sie vorher fest, was ungefähr im Spiel passieren wird. Zu den Regelspielen gehören auch die Spiele, die wir als Gesellschaftsspiele kennen. Erst um die Einschulung herum sind Kinder fähig, an Spielen, bei denen es Gewinner und Verlierer gibt, „fair" teilzunehmen. Es überfordert Krippen- wie Kindergartenkinder emotional völlig, bei solchen Spielen zu verlieren und sich nicht darüber ärgern zu dürfen.

Wichtige Spielschemen

Es ist schön, den kleinen Kindern in ihrem Spiel zuzusehen – aber auch rätselhaft: Was treibt sie zu ihren seltsamen Handlungen – zum Beispiel alles Gebaute mit großem Krach wieder einstürzen zu lassen? Oder alle Spieltiere aufzubauen, um sie dann nicht mehr zu beachten?

Viele Handlungen, die Kleinkinder von sich aus durchführen, wirken für uns oft seltsam: Wenn kleine Kinder Taschen oder Regalfächer ausräumen, Dinge durch die Gegend werfen oder sie in eine Kiste schmeißen, ist fast immer Unordnung das Ergebnis – und Lärm. Es wäre jedoch grundverkehrt, würde man dieses Verhalten unterbinden wollen, denn eigentlich zeigt sich damit ein ganz sinnvolles Programm der Kleinkinder, ihre Umwelt systematisch danach zu untersuchen, welche Bedeutung die Dinge in ihr haben und was man damit machen kann.

Um diesen scheinbar ziellosen Handlungen der Kinder mehr Wertschätzung geben zu können, haben Pädagogen den Begriff der „elementaren Experimente" entwickelt. Das mag zunächst hochgegriffen klingen – aber was Kleinkinder tun, ist ja tatsächlich ein Experiment: Sie untersuchen zum Beispiel den Fall von Gegenständen und wie sich die Schwerkraft auswirkt. Für uns banal, für die Kinder hochspannend.

Die Einteilung dieser Handlungen in verschiedene „elementare Experimente" hilft Erzieherinnen – und wenn Sie wollen, auch Ihnen –, die aktuellen Bedürfnisse des Kindes besser fördern zu können. Gute Erzieher gehen davon aus, dass Kleinkinder am besten lernen, wenn sie sich in einmal entdeckte Zusammenhänge vertiefen können. Einem Kind, das gerade untersucht, ob Dinge, die man irgendwo versteckt, verschwunden sind – auch so ein ganz typisches Experiment kleiner Kinder!, – tut es gut, wenn es Materialien findet, mit denen man das Experiment in besonders eindrucksvoller Form machen kann: Genau jetzt kommt eine Dose mit einem gelochten Deckel zum Hineinstecken verschiedener Dinge gut an!

IM ÜBERBLICK: EXPERIMENTE

Das Experiment des Versteckens

Damit fängt es an: Eltern beugen sich über ihr Baby, verdecken das eigene Gesicht, um kurz danach wieder hervorzuschauen. „Kuckuck“ – und das Baby quietscht vor Vergnügen, aber auch den Eltern macht dieses Spiel anscheinend großen Spaß. Es ist spannend, den anderen für einen Moment nicht zu sehen, um dann wieder beieinander zu sein! Das tun Kinder, um das Verschwinden der Dinge zu untersuchen:

- Dinge unter Decken und Tüchern verstecken, Dinge in Schränken verstecken
- Geschenke verpacken, Dinge in Umschläge stecken, gerne Schatzsuche spielen
- Häuser mit Dach bauen
- Bilder nach Fertigstellung übermalen, rollen, zufalten
- Sich unter Tüchern verstecken, mit Tüchern die eigene Sicht einschränken
- Sich selbst verstecken und von anderen suchen lassen

Oberflächen untersuchen

Zuerst sind der Mund, die Zunge und die Lippen dran: Intuitiv untersuchen Kleinkinder Oberflächen mit dem wohl feinfühligsten Tastorgan. Gut, wenn sie das dürfen, statt sofort zu hören: „Nimm das aus dem Mund!“, „Nicht daran lecken!“ Denn jede Oberfläche kann sich auf ihre eigene Weise spannend anfühlen. Auch in Krippen oder Kitas muss dieses für das Wohlergehen der Kinder und für ihre Entwicklung so wichtige Erleben möglich sein.

Das tun Kinder, um das Phänomen der Oberfläche zu untersuchen:

- Die Oberfläche der Dinge mit unterschiedlichen Sinnesorganen berühren, also anlecken, ertasten, an die Haut halten, durch sie durchsehen wollen
- Gegenstände schütteln, um Aufschluss über ihr Inneres zu erhalten
- Oberflächen durchbohren oder abzupfen wollen, um die dahinter liegenden Schichten zu entdecken – zum Beispiel bei Tapeten oder Buchdeckeln

- Dinge kaschieren – etwa beim Anmalen des eigenen Körpers, beim flächigen Beschmieren von Tischen
- Bilder mit vielen Farbschichten übereinander malen, sodass frühere Bildmotive verborgen sind
- Sich dafür interessieren, was unter der eigenen Köperoberfläche liegt

Die Schwerkraft untersuchen

Alles fällt nach unten. Für Erwachsene ist die Wirkung der Schwerkraft längst eine Banalität, für kleine Kinder aber ist es ein faszinierendes Phänomen, das zudem mit vielerlei hochinteressanten „Nebenwirkungen" verbunden ist, die es mit allen Sinnen zu erfahren gilt! Das tun Kinder, um das Phänomen der Schwerkraft zu untersuchen:

- Dinge von Tischen oder Klettergerüsten herunterwerfen
- Dinge weit werfen wollen
- Sich für Dinge interessieren, die nicht fallen, sondern fliegen
- Sich für das Fließen des Wassers begeistern, sich dafür interessieren, dass Dinge schwimmen, andere jedoch sinken
- Gerade horizontale oder vertikale Linien zeichnen, mit Schwung Punkte auf das Papier tupfen, gerne mit Hämmern arbeiten
- Auf Erhöhungen klettern, um von dort hinabzuspringen

Klangquellen untersuchen

Kling, Klong, Rattsch, Bumm! Mamas Tupperdosen und die Töpfe in der Puppenküche der Krippe scheppern auf den Küchenboden. Unendlich viele Geräuschvariationen entstehen, wenn Dinge aufeinander geschlagen werden, auf den Boden fallen oder ineinander gesteckt werden. Das tun Kinder, um das Phänomen des Klangs zu untersuchen:

- Mit Dingen auf feste Untergründe schlagen, um Geräusche zu erzeugen
- Sich für Dinge interessieren, die knistern oder rasseln
- Dinge lieben, die klingen oder quietschen können

- Sich für die Geräusche, die Tiere machen, interessieren
- Sich für Musikinstrumente und Musikanlagen begeistern, Musik mögen und sich gerne dazu bewegen und summen
- Mit anderen Kindern probieren, wie laut man schreien kann

Der Transport – Fortbewegung untersuchen

Transportieren ist eigentlich ein ganz simples, aber vom Ergebnis her überzeugendes Kunststück: Dinge, die eben noch hier waren, sind plötzlich dort – weil ich sie dorthin bewegt habe. Das tun Kinder, um das Phänomen der Ortsveränderung von Dingen zu untersuchen:

- Dinge in Taschen stopfen, um sie anderswohin zu bringen
- Dinge zu einem bestimmten Menschen bringen, um ihn damit zu überraschen oder zu beschenken
- Fahrzeuge beladen und schieben und dabei erleben, wie man Dinge mit großem Gewicht und großem Format bewegen kann
- Sich für alles, was Rollen und Räder hat, interessieren
- Lange und kürzere Strecken mit allen Sinnen erfahren
- Erfahren, dass man sich in vertrauten Räumen orientieren kann

Verbinden und trennen

Wie bekomme ich zwei Dinge fest miteinander verbunden? Auch diesem Rätsel gehen Kleinkinder lange Zeit nach. Indem sie Dinge mit Kleber oder Klebeband verbinden, erfahren sie etwas über die Haltbarkeit von Verbindungen. Aus eins mach viele: Das Gegenteil des Zusammenstellens mag kleinen Kindern noch viel magischer vorkommen. Die Dinge, die uns umgeben, können nämlich mit Geschick und Kraft ihre scheinbar unabänderliche Gestalt und Einheit verlieren, indem wir sie zerlegen, auseinandernehmen oder auch zerstören! Das tun Kinder, um die Verbindung von mehreren Dingen zu einem zu untersuchen:

- Dinge mit Kleber oder Klebeband zusammenfügen und die Haltbarkeit der Verbindung erfahren
- Dinge mit Schnüren verbinden
- Gerne Stecker oder ähnliche Gegenstände in passende Öffnungen stecken
- Sich selbst an Dingen wie Pfeilern mit aller Kraft festhalten
- Sich mit anderen gegenseitig festhalten und nicht mehr loslassen
- Sich mit anderen verbunden fühlen, etwa in einer Freundschaft
- Knoten öffnen wollen, Gürtel öffnen

Das Ordnen

Die Dinge unserer Welt ordnen sich in Zusammenhängen. Aus vielen Wagen wird ein Zug. Ordnungsprinzipien sind wichtig, um die Welt zu verstehen. Das Bestreben kleiner Kinder, die Dinge zu ordnen, ist wichtig für die Ausbildung grundlegender mathematischer Fähigkeiten. Wer ordnet, beginnt sich für die Anzahl von Dingen zu interessieren. Etwas auszuteilen und darauf zu achten, dass alle das Gleiche bekommen – was für eine Leistung! Das tun Kinder, um die Kategorisierbarkeit der Dinge zu untersuchen:

- Objekte in „logische" Ordnungen bringen, indem man sie aneinanderreiht
- Kategorien finden, in denen sich Dinge gleichen und danach ordnen
- Dinge und Personen in „Familien" ordnen
- Sich für viele gleichartige Dinge mit leichten Variationen interessieren
- Gerne Zug mit vielen Wagen spielen
- Sich für die Anzahl verschiedenster Dinge interessieren
- Sich selbst gerne mit anderen in einer Reihe aufstellen, Dinge für alle verteilen wollen
- Verstehen, dass beim Verteilen alle das Gleiche bekommen

Zusammengefasst

1. Kinder untersuchen ihre Umwelt systematisch. Sie ergründen, was man mit den Dingen machen kann.

2. Was für Erwachsene wie zielloses Handeln aussieht, etwa Matschen, Spritzen und Dinge verstecken, nennen Pädagogen „elementare Experimente“.

3. Gute Erzieherinnen fördern diese Experimente. Sie helfen den Kindern, die gerade entdeckten Zusammenhänge zu vertiefen.

Gute Materialien für Krippenkinder

Die Spielzeuge in der Krippe sehen ganz anders aus als die Dinge, die Leander in seinem Kinderzimmer hat. Liege ich verkehrt – oder die Krippe?

Vielleicht ist das Wort einfach zu allgemein: Mit „Spielzeug“ bezeichnen wir höchst unterschiedliche Dinge, die nur wenig gemeinsam haben außer dem Zweck, dass Kinder sie zu irgendeinem ihrer vielen Spiele verwenden. Und so ist es eigentlich kein Wunder, dass Eltern die Spielzeugausstattung der Krippe zunächst manchmal verwundert betrachten, weil sie sich vom Spielzeugangebot daheim deutlich unterscheidet – aus gutem Grund: In der Krippe sind Spielzeuge für alle Kinder da, während das Kind zu Hause eine enge Bindung zu seinem ganz eigenen Spielzeug haben kann. Und Krippenspielzeuge müssen ungleich mehr aushalten als Kinderzimmerinventar!

Was aber ist gutes Spielzeug für Krippenkinder? Um die Frage zu beantworten, müssen wir die Frage nach dem Zweck stellen: Krippenspielzeug soll das Spiel der Kinder unterstützen, indem es ihren entwicklungsbedingten Vorlieben für bestimmte Tätigkeiten entspricht. Kinder machen ihre Untersuchungen, während sie spielen, sie sind große Tester und Erforscher.

Warum nicht ihr Spielmaterial als Experimentiermaterial begreifen, mit dem das, was sie an der Welt interessiert, nachgestellt werden kann?

- Gutes Krippenspielzeug weist Materialqualitäten auf, die das Spiel der Kinder bereichern, weil die Kinder bei seiner Benutzung durch bestimmte Eigenschaften auf weitere, von ihnen bisher wahrscheinlich gar nicht vorgesehene Spielvarianten kommen: Puzzleteile lassen sich nicht nur gut zum Puzzeln verwenden, sondern bieten auch optische Reize, fühlen sich interessant an, können manchmal auch als Spielsalatblätter dienen, wenn gerade keine echten zur Verfügung stehen.
- Gutes Spielzeug greift die Ideen der Kinder auf und bringt sie auf immer neue Spielimpulse und Ideen.

- Gutes Spielzeug spricht viele Sinne des Kindes an. Statt langweiliger Plastikoberflächen in Knalltönen brauchen Kinder Dinge, die ihrem Fühlsinn Nahrung geben. Von rau zu glatt, von weich zu hart, von flexibel zu starr: Was für uns mit einem Blick schnell erfasst ist, bedeutet für Krippenkinder ein Universum an Erfahrungsmöglichkeiten.

In welcher Form bietet eine Krippe den Kindern die Spielzeuge an? Ungeordnet, in großer Fülle, wild durcheinander in einem Korb – oder in überschaubarer Ordnung? Ordnung ist ein wesentliches Grundprinzip guter Pädagogik – und damit für Sie als Eltern ein wichtiges Kriterium im Zusammenhang mit Ihrer Krippe, auf das Sie achten sollten. Ordnung gibt Kindern Sicherheit und fördert ihre Selbstaktivität, da sie leicht herausfinden können wie sie sich beteiligen können. Steht ein Spielzeug immer an der gleichen Stelle, für das Kind gut sichtbar und erreichbar im Regal, wird das Kind sich am Aufräumen beteiligen. Maria Montessoris Grundidee lautete: „Hilf mir, es selbst zu tun." Diese Hilfe gab sie mit Strukturen, klaren Abgrenzungen und Ordnungsprinzipien. Gutes Spielmaterial entsteht, indem wir sinnvolle Dinge zu einer sinnvollen Kombination zusammenfügen: eine raue Bürste, ein weicher Schwamm, ein Holzstab auf einem Tablett …

Viel zu selten erhalten Kinder Dinge als Spielzeug, die keinem Gebrauchszweck zugedacht sind, sondern einfach so sind, wie sie entstanden sind. Jedes gekaufte Spielzeug hat vom Hersteller zugedachte Verwendungsmöglichkeiten, die das Kind nur herausfinden muss: Dazu ist es da! Wie wir tagtäglich erfahren, sind kleine Kinder gut darin, Dinge auch völlig entgegen ihrem zugedachten Verwendungszweck zu benutzen. Mit dem Kamm und dem Matchboxauto können sie hervorragende Bilder malen und mit der Banane telefonieren. Wie logisch ist es doch, ihnen so oft wie möglich Materialien zur Verfügung zu stellen, die überhaupt keinem Zweck zugedacht sind, sondern so sind, wie sie entstanden: Äste, Ton, Steine, Matsch, Grasbüschel … Wer für Dinge, die zu nichts gedacht sind, viele unterschiedliche Verwendungsweisen findet, trainiert seine Kreativität. Niemand kann das besser als der ganz kleine Mensch: Helfen wir ihm, diese besondere Fähigkeit möglichst lange zu erhalten!

IM ÜBERBLICK: SPIELMATERIALIEN

... für Babys

- Rassel, Ball, Stoffpuppe
- Stapelturm
- Einsteckdosen
- Stoffbücher
- ein Schatzkorb voller Alltagsmaterialien, wie Geldbörse, Kamm oder Bürste, Eierbecher, Plastikdosen, Holzlöffel und Walzen und vieles mehr
- mit bunten Dingen gefüllte und fest verklebte Plastikflaschen
- Bilderbücher

... für Kleinkinder

- Kipperauto, Puppe, Kuschelbär
- Taschen
- Pappröhren, leere Plastikflaschen, Trichter, Becher, Löffel, Schaufeln, Walzen, Siebe, Sand
- Rutschauto und Lauflernwagen

... für Zwei- bis Dreijährige

- Puppen, Autos, Bausteine
- Tücher, Tassen und Besteck
- Arztkoffer, Pflaster
- Spieltiere
- Bücher
- Alltagsmaterialien wie Schlösser und Schlüssel
- Klempnerrohre und Verbindungstücke
- Fädelperlen und Faden

TIPP:

- *Keine Spielsachen von zu Hause mit in die Krippe bringen, denn diese können wegkommen oder den Alltag beeinträchtigen, da sie nicht für alle Kinder da sind. Manche können auch zur Unfallgefahr werden.*
- *In der Krippe erfragen, womit die Kinder aktuell spielen und zu Hause ähnliche Spielanlässe anbieten.*
- *Spielmaterial für das Kind selbst herstellen, zum Beispiel bunte Schüttelflaschen oder Einsteckdosen.*

Zusammengefasst

1. Spielmaterial ist Experimentiermaterial.

2. Statt langweilige Plastikoberflächen brauchen Kinder Dinge, die viele Sinne ansprechen.

3. Wichtig ist Spielzeug, das keinem Zweck zugeordnet ist. So kann das Kind selbst Verwendungsmöglichkeiten herausfinden. Das trainiert die Kreativität.

Spielzeug einfach selber machen

Raschelflaschen mit Erbsen, Reis oder Mais

Mit einer Raschelflasche bieten Sie Ihrem Kind Erfahrungsmöglichkeiten mit unterschiedlichen akustischen Effekten: Wenn es die Flasche umdreht oder vorsichtig kippt, gerät das darin befindliche Material in Bewegung und verursacht – je nach Größe und Schwere – spezielle Geräusche. Während das Geräusch von fallendem Sand kaum zu erahnen ist, erzeugen herabrieselnde Reiskörner ein deutlich vernehmbares Rascheln, und Trockenerbsen scheppern fast.

Für die Herstellung von Schüttelflaschen brauchen Sie:

- kleine transparente Flaschen aus Plastik, so schmal, dass die Hände des Kindes sie umfassen können;
- die Deckel der Flaschen;
- einen Trichter mit großem Durchmesser oder ein Blatt Papier;
- Sekundenkleber;
- Füllmaterial: Erbsen, Mais, Reis, Bohnen, kleine Kiesel, Sand, Katzenstreu- oder Hydrokultur-Steine.

So geht's: Stellen Sie die Flasche auf. Ein Blatt Papier wird gerollt und in Trichterform auf die Flaschenmündung gesteckt. Nun füllen Sie in jede Flasche eines der ausgewählten Materialien – immer ungefähr halb voll. Damit Ihr Kind die Flaschen nicht öffnet und deren kleinteiligen Inhalt verschluckt, kleben Sie die Deckel nach dem Befüllen fest und haltbar auf: Tragen Sie auf das Gewinde an den Flaschen vorsichtig Sekundenkleber auf und schrauben Sie die Deckel anschließend zügig so fest wie möglich auf. Eventuelle Klebstoffspuren wischen Sie sofort mit einem Taschentuch ab. Anschließend müssen die Flaschen unbedingt mit Spülmittel gereinigt werden.

Flaschen mit farbigem Wasser und glitzernden Schwebeteilchen

Bei dieser Zauberflasche kommt ein Element zum Zug, das Krippenkinder sehr interessiert: Wasser. Damit sie das Fließen und Schwimmen beobachten können, versetzen Sie das Wasser mit schwimmenden und nicht schwimmenden Teilen. Im ersten Schritt befüllen Sie die Flaschen mit dem Schwimmgut: Glitzerteilchen aus dem Spielzeuggeschäft, kleine Holzkugeln oder Haselnüsse mit Schale. Interessant ist es auch, erst eine Schicht Sand hineinzuschütten – am besten mit einem Papiertrichter. In eine weitere Flasche gießen wir eine etwa ein cm hohe Schicht Öl.

Alle Flaschen werden nun mit Wasser befüllt. Immer sollte unterhalb des Flaschenhalses noch mindestens ein Zentimeter Luftraum sein.

Reichlich Sekundenkleber und festes Zuschrauben sind erforderlich, damit kein Wasser heraustropft. Um zu prüfen, ob die Flaschen wirklich dicht sind, tauchen Sie sie bitte komplett in ein Wasserbecken und beobachten, ob Luftperlen aufsteigen – wie bei der Fahrradschlauchreparatur.

Einsteckdose

Einsteckdosen, durch deren Deckel die Kinder Gegenstände unterschiedlicher Form und Konsistenz verschwinden lassen können, entstehen schnell aus Espressodosen. Sie haben einen stabilen Dosenkörper aus an den Enden abgerundetem Weißblech und einen flexiblen, leicht zu bearbeitenden Gummideckel. Die Einsteckdose ist fertig, wenn Sie ein passendes Deckelloch eingeschnitten haben. Spannend wird das Einstecken, wenn Dinge nur durch bestimmte Deckel passen und jeweils andere Formen der Handhabung erfordern. Also schneiden Sie mit einem scharfen Cutter oder einer guten Schere in mehrere Deckel jeweils anders geformte Löcher. Ein breiter Schlitz sollte an seinen Enden gut abgerundet sein, damit sich die Öffnung beim Benutzen nicht unkontrolliert und eventuell scharfkantig erweitert. Und nun suchen Sie Materialien, die auf unterschiedliche Weise in die Dose hineinplumpsen oder sich nur gequetscht hineinstecken lassen – zum Beispiel Korken, Gardinenringe, Deckel von Babygläschen, Wollpompons …

Luftmatz

Der Luftmatz ist eigentlich eine weiche, große Rassel, die Geräusche erzeugt, wenn sie bewegt wird. Er besteht aus einem schlaff mit einem Schüttmaterial gefüllten Luftballon, den eine Stoffhülle verbirgt. Den Luftballon füllen Sie vor dem Aufblasen, indem Sie einen Trichter aufstecken, durch den Sie eine Füllung einbringen können. Was passt in einen Luftmatz? Alles, was die Sinne von Kleinkindern anregt. Also klappernde oder scheppernde Dinge wie Glöckchen oder Bälle, Dinge zum Befühlen wie vertraute Spielsteine, aber auch Riechbares: Vanillezucker oder Salbei duften durch die Hülle des Luftmatz hindurch. Ungeeignet sind alle Dinge, die scharfkantig sind und den Ballon von innen zerstören.
Damit der Ballon beim Befühlen, Drücken und Schleudern oder Bekauen nicht kaputtgeht, bekommt er einen festen Überzug aus einem zweiten Ballon und einem darüber gezogenen Stoff. Das kann eine Feinstrumpfhose sein, ein Stück Strickschlauch oder ein alter Pulloverärmel. Der Überzug wird an beiden Seiten wie ein Bonbon zugebunden.

Zusammengefasst

1. Raschelflaschen bieten akustische Effekte.
2. Glitzernde Zauberflaschen dienen der Beobachtung des Elements Wasser.
3. Mit Einsteckdosen kann Ihr Kind Dinge beim Verschwinden untersuchen.
4. Der Luftmatz spricht viele Sinne an. Ihr Kind kann ihn nach Herzenslust hören, riechen und befühlen.

Die ersten drei Lebensjahre

Entwickelt sich mein Kind richtig? Wenn Kinder in die Krippe kommen, stellt sich vielen Eltern diese Frage natürlich nicht zum ersten Mal, aber hier haben sie nun den Vergleich zu anderen Kindern gleichen Alters, die manches schlechter und anderes besser zu können scheinen.

Wie kommt mein Kind in der Gruppe klar? Auch über diese Frage denken Sie vermutlich viel nach – aus gutem Grund: Natürlich möchte niemand, dass das eigene Kind in der Gruppe Außenseiter ist, dass es ihm schlecht geht unter anderen Kindern. Das zu vermuten liegt nahe, wo doch Kleinkinder zu Anfang überhaupt noch kein Verhalten zeigen, was man als sozial rücksichtsvoll bezeichnen könnte. Es ist eine spannende Frage vieler Eltern, wie Erzieherinnen es hinbekommen, trotzdem eine Art verlässliche Atmosphäre unter all diesen Einzelgängern herzustellen.

Spannend bleibt die Frage, wie es Ihrem Kind in der Gruppe geht, auch aus einem anderen Grund: Sie selbst können die Antwort nicht wirklich finden, denn Ihr Kind verhält sich ohne Sie in der Gruppe höchstwahrscheinlich komplett anders als in Ihrer Anwesenheit. Die meisten Kleinkinder schaffen es nicht, sich mit anderen Kindern in ein Spiel gut zu integrieren, wenn ihre Eltern zugegen sind. Es ist gut, sich das klarzumachen!

In diesem dritten Teil unseres Buches beschreiben wir aus unterschiedlichen Blickwinkeln, worauf es ankommt, damit sich ein Kind in der Gruppe wohlfühlt und diese als Ort erleben kann, um wichtige soziale Erfahrungen zu machen. Und wir beschreiben, was Pädagogen tun, um jedes einzelne Kind in der Gruppe im Blick zu haben – und dessen Entwicklung begleiten zu können.

War dieser kleine Flitzer auf dem Laufrad nicht vor wenigen Wochen noch ein Baby? In den ersten Jahren verläuft die Entwicklung des Kleinkindes in solch rasantem Tempo, dass einen schnell der Eindruck beschleicht, man habe es jeden Tag mit einem neuen Kind zu tun. Großeltern kennen dies: Nach 14 Tagen kommt ein kleiner Mensch zu Besuch, der dem, der vor 14 Tagen verabschiedet wurde, etliches voraus hat. Schön zu beobachten – aber dabei darf es nicht bleiben: Weil sich das Kind so schnell verändert, müssen Eltern wie Pädagogen es aufmerksam begleiten, um ihm in jeder neuen Phase gerecht werden zu können.

Wie die Entwicklung in den ersten drei Jahren vonstatten geht, haben wir hier kurz für Sie zusammengefasst. Bitte bedenken Sie aber: Jedes Kind entwickelt sich in seiner eigenen Zeit und in seinem eigenen Rhythmus. Verzweifeln Sie nicht, wenn Ihr Baby erst mit 16 Monaten Laufen lernt, der erste Zahn auf sich warten lässt, oder das Trinken aus der Tasse erst mit zwanzig Monaten gelingt. Hören Sie nicht hin, wenn es auf dem Spielplatz heißt: „Meiner kann schon …" Schneller ist nicht besser und die Langsamen sind keineswegs im Nachteil. Jeder Mensch ist anders und jeder ist etwas Besonderes, das gilt auch für die Entwicklung Ihres Kindes.

Zusammengefasst

1. Kleinkinder zeigen anfangs überhaupt noch kein Verhalten, was man als sozial rücksichtsvoll bezeichnen könnte. Sie sind eher Einzelgänger.

2. Die meisten Kleinkinder schaffen es nicht, sich mit anderen Kindern in ein Spiel gut zu integrieren, wenn ihre Eltern dabei sind.

3. Jeder Mensch ist anders, jeder ist etwas Besonderes.

IM ÜBERBLICK: LEBENSJAHRE

Das erste Lebensjahr – das Baby

Wissenschaftler sprechen davon, dass der Mensch von Geburt an ein soziales Wesen ist. Das Baby nimmt von Anfang an Einfluss auf seine soziale Umwelt. Es kommuniziert mit den Eltern oder anderen vertrauten Personen, indem es gurrt, schreit, strampelt oder Blickkontakt sucht. Im ersten Lebensjahr ist der soziale Bezugsrahmen der meisten Babys sehr klein. Sie wachsen im engen Familienkreis auf. Zu Beginn des Lebens geht es um elementare Bedürfnisse, wie die körperliche Nähe der Eltern, das Ernährt- und Gepflegtwerden. Mit zunehmendem Wochenalter steigt das Interesse für die Umwelt, die für den kleinen Neuling auf dieser Welt Stück für Stück erforscht, erklärt und erobert werden muss. Personen außerhalb des kleinen Kreises der Familie werden wahrgenommen, aber vorerst nicht in die noch sehr engen Beziehungsmuster eingewoben. Beginnt das Kind in der zweiten Hälfte des ersten Lebensjahres zu „fremdeln", ist ein wichtiger Entwicklungsschritt vollbracht. Das Kind kann fremde und vertraute Personen unterscheiden.

Das Baby liegt auf dem Boden und beobachtet die Welt aus dieser Perspektive. Es ist darauf angewiesen, aufgenommen und herumgetragen zu werden, um mehr von der Welt zu sehen. Mit der Fähigkeit des Krabbelns ändert sich dies schlagartig. Das Kind kann sich selbst zu den Orten bewegen, die es interessieren, mit Personen Kontakt aufnehmen und an Dinge herangelangen. Wenn es ihm dann gelingt, sich hochzuziehen und die ersten Schritte zu tun, wachsen die Erfahrungsmöglichkeiten explosionsartig.

Probieren Sie doch einmal aus, wie die Welt in der Rückenlage aussieht, was Ihnen auf vier Füßen zur Verfügung steht und welche Freiheiten Ihnen das Laufen beschert.

- Sozialer Bezugsrahmen: Familie und vertraute Personen
- Motorische Fähigkeiten: Sitzen, ungefähr ab dem sechsten Monat, Krabbeln und um den zwölften Monat herum Hochziehen und erste Schritte mit Hilfe
- Verständigung: Laute, Körpersprache, Mimik, Schreien, Lachen

Das zweite Lebensjahr – „Toddler"

Der aufrechte Gang – die Vollendung der elementaren Grundlagen der motorischen Entwicklung beschleunigt die Entwicklung des Kindes ungemein. Die Welt wird in ihrer Größe sichtbar und es gilt sie zu erforschen. Dazu beginnt das Kind die elementaren Experimente auszuführen, um sich grundlegende physikalische Phänomene unserer Welt anzueignen. Es lernt, dass die Dinge nach unten fallen; dass Sachen oder Personen, die aus dem Gesichtsfeld gelangen, noch da sind; dass Dinge sich nicht verändern, wenn sie von einem Ort zum anderen transportiert werden und dass man Teile zusammenfügen, aber auch wieder trennen kann.

Nach wie vor ist es vor allem an seinen Eltern oder anderen nahen Bezugspersonen interessiert. Andere Kinder werden im ersten Lebensjahr eher wie „Dinge" wahrgenommen. Kleine Kinder spielen also nicht miteinander wie es Kindergartenkinder tun. Kleine Kinder machen noch keinen Unterschied zwischen dem Selbstbezug des Wortes „ich" und der Abgrenzung, die das Wort „du" bedeutet.

Es sollte uns also nicht wundern, dass das „Ding" anderes Kind belutscht, beklopft oder auch mal gebissen wird. Hinter diesen Handlungen steckt keine Bosheit oder Verletzungsabsicht. Das Kind probiert die Welt aus und provoziert eine Reaktion auf seine Handlung. Diese Provokation bezieht sich vor allem auf Geräusche, Konsistenzen und Temperaturen, nicht auf soziale Werte und Regeln – das muss man sich immer wieder klarmachen. Das Konzept der Regeleinhaltung ist im ersten Lebensjahr noch nicht ausgebildet. Im zweiten Lebensjahr geht es vor allem darum, den eigenen Körper und seinen Bezug zur Welt zu erforschen. Deshalb gilt für diese Altersgruppe: jedem sein Platz, jedem sein Spielzeug.

- Sozialer Bezugsrahmen: die Familie und vertraute Personen, auch Tagesmütter oder Erzieherinnen
- Motorik: sicheres Laufen bis zum 18. Monat; Klettern, Rennen, Hinfallen und selbstständiges Aufstehen; Entwicklung feinmotorischer Fähigkeiten, Pinzettengriff, Führen des Löffels oder selbstständiges Eingießen zum Ende des zweiten Lebensjahres
- Sprachentwicklung: Das erste Wort wird meist in der ersten Hälfte des zweiten Lebensjahres gesprochen. Bis zum zweiten Geburtstag potenziert sich die Anzahl der Worte, die dem Kind zur Verfügung stehen, fast täglich. Die sogenannte Sprachexplosion um den zweiten Geburtstag herum ist Resultat einer rasanten Gehirnentwicklung.

Das dritte Lebensjahr – das Kleinkind

Etwa zwei Jahre hat das Kleinkind nun die Welt um sich herum untersucht, um sich jetzt selbst darin zu entdecken. Im dritten Lebenjahr wird Kindern bewusst, wer sie sind. An der Sprachentwicklung ist das zu hören, denn nun kann das Kind von sich selbst sprechen, indem es seinen Namen verwendet und „ich" sagt.

Diese Ich-Erkentnnis führt dazu, dass das Kind andere Personen als emotionale Wesen erkennen kann und mit dieser Vorstellung zu agieren beginnt. Auch das hört man: Äußerungen wie „Ich lache", „Willst du?" oder „Wollen wir das machen?" zeigen, dass das Kind nun zu verstehen beginnt, wie andere auf einen selbst reagieren.

In dieser Phase der Entwicklung beginnen Kinder gemeinsam zu spielen. Nicht lange und ausdauernd, wie man vielleicht erwarten würde, aber von Mal zu Mal ein wenig intensiver. Natürlich gehört zu diesem Entwicklungsschritt auch das Ausprobieren sozialer Zusammenhänge, wie es sich in machmal rührend, manchmal rüde erscheinenden Verhaltensweisen zeigt: Kann ich ein weinendes Kind trösten? Was passiert, wenn ich anderen etwas wegnehme oder ihn bzw. sie haue?

Die motorische Entwicklung verfeinert sich im dritten Lebensjahr rasant. Das Kind kann alleine mit Besteck essen, sich den Teller auffüllen, sich an- und ausziehen, Fädeln und mit einem Stift zeichnen.
Die Worte werden immer verständlicher, der Wortschatz ist groß und das Kind beginnt mit der Grammatik zu spielen.

- Soziale Entwicklung: Entstehung des Ich; Zusammenspiel mit anderen Kindern, Beginn des Rollenspiels am Ende des dritten Lebensjahres
- Motorische Entwicklung: Klettern, Rutschen, Schaukeln, Springen. Die Feinmotorik wird trainiert, das Kind entwickelt Geschicklichkeit im Umgang mit den Dingen.
- Sprache: Verständliche Aussprache, wachsender Wortschatz, beginnende grammatikalische Einordnung

Warum ein starker Wille wichtig ist

Jessica kommt mir vor wie die absolute Egoistin – ist das noch normal? Schlau ist sie ja, aber sozial ziemlich unverträglich, das merke ich immer wieder. Sie will immer ihren Willen durchsetzen, wirft sich ungefähr bei jedem Supermarktbesuch auf den Boden, um Süßigkeiten zu ergattern, teilen mag sie überhaupt nicht... Die Kleine macht mit dir, was sie will, sagte neulich meine Oma, du hast sie eben schon von Anfang an verwöhnt!

Eines der hässlichen Sprichwörter deutscher Sprache über Erziehung – zum Glück nur noch selten gehört – lautet: „Kinder mit 'nem Willen muss man hauen, bis sie brüllen." Es macht deutlich, wie man früher bisweilen über die soziale Entwicklung des Menschen gedacht hat: Wer klein ist, hat noch keinen Willen zu haben, weil er noch nicht weiß, worauf es ankommt. Einfühlsame, kluge Menschen wussten aber schon damals, dass es genau andersherum ist: Normal entwickelte Kinder brauchen gerade am Anfang ihres Lebens ein starkes Ego, mit dessen Hilfe sie ihre Bedürfnisse einfordern können. In einem viele Jahre, bis zum Ende der Pubertät, dauernden Prozess entwickeln sie dann Gefühle der Empathie und können Rücksicht entwickeln, die sie selbst erfahren haben.

Das Kleinkind steht noch vor der Aufgabe, die Kompetenzen zu erwerben, die es befähigen, in sozialen Bezügen selbstständig und handlungsfähig zu werden und mit den eigenen Gefühlen sowie den Gefühlen anderer angemessen umzugehen. Um diese Entwicklungsaufgaben bewältigen zu können, benötigen kleine Kinder ein stabiles sozialemotionales Umfeld (vgl. Susanna Rox in www.kindergartenpaedagogik.de). Dies den Kindern in allen Bereichen ihres Lebens zu bieten, ist ein hohes Ziel von Elternhaus und Krippe gleichermaßen. Die soziale Entwicklung ist von der motorischen Entwicklung und der Entwicklung der Sprache nicht zu trennen. Beziehungen zu anderen Menschen aufzunehmen, diese zu pflegen und zu vertiefen setzt Mobilität und Ausdrucksvermögen voraus. Doch geht nicht alles gleichzeitig. Das Kind muss sich entwickeln und alle notwendigen Bedingungen für die nächste Entwicklungsstufe Stück für Stück erfüllen. Bevor die Fähigkeit zur Regeleinhaltung ausgeprägt ist, gibt es viele andere Dinge zu lernen.

Erwarten Sie also nicht, dass Ihr Kleinkind verstehen kann, wie es sich benehmen soll, was erlaubt oder verboten ist, oder dass es an einem Regel- oder Gesellschaftsspiel teilnehmen kann. Bedauern Sie nicht, dass die Krippe die Kinder nicht oft genug in Worten dazu anhält, aufeinander Rücksicht zu nehmen oder sich gegenseitig zu helfen. Soziales Verhalten lernen Kinder im gemeinsamen, zwanglosen Tun.

Zusammengefasst

1. Kinder brauchen gerade am Anfang ihres Lebens ein starkes Ego, mit dessen Hilfe sie ihre Bedürfnisse einfordern können.

2. Empathie und Rücksicht lernen sie in einem langen Prozess, der bis zum Ende der Pubertät andauert.

3. Sprache und motorische Fähigkeiten sind wichtig für die soziale Entwicklung. Beziehungen zu anderen Menschen aufzunehmen, zu pflegen und zu vertiefen setzt Mobilität und Ausdrucksvermögen voraus.

4. Soziales Verhalten lernen Kinder im gemeinsamen, zwanglosen Tun. Nicht durch strenge Aufforderungen.

Vom Nebeneinander zum Miteinander

Hans soll jetzt auch mal auf andere Kinder treffen: Eigentlich war das der Grund, ihn in die Krippe zu bringen. Tatsächlich sitzt er aber bisher meistens allein in einer Ecke. Und wenn mal ein anderes Kind kommt, dreht er sich extra weg. Mag er überhaupt andere Kinder?

Kleine Kinder finden andere Kinder meistens hochinteressant, aber das heißt noch lange nicht, dass sie von Anfang an etwas miteinander anfangen können. Aufmerksam verfolgen schon sechs Monate alte Kinder das Tun ihrer Altersgenossen, aber noch lange enden Begegnungen mit ihnen meistens mit kleinen Konflikten oder im besten Fall Ignoranz. Fachleute haben ermittelt, dass aufeinander treffende Einjährige durchschnittlich alle 15 Minuten in einen Konflikt miteinander geraten.

Warum also die Kinder jetzt schon zusammenführen, obwohl sie kaum miteinander spielen? Weil der kleine Mensch durch Beobachtung lernt. Kleine Kinder beobachten sich, lange bevor sie Kontakt miteinander aufnehmen, bei dem, was sie tun. „Was der macht, will ich auch tun!", ist ganz oft ihre Motivation bei der Untersuchung der Welt um sie herum. Kinder gleichen oder ähnlichen Alters sind für dieses nachahmende Lernen natürlich besser geeignet als erwachsene Bezugspersonen, denn unsere Tätigkeiten sind fern von dem, was Kindern wichtige Erfahrungen ermöglicht: Hans kann zwar nachmachen, wie

TIPP:

- *Ihr Kind im Zusammenspiel mit anderen Kindern zu Hause „machen lassen", statt allzu sehr das Geschehen lenken zu wollen.*
- *Konflikte unter den Kindern akzeptieren und sie gegebenenfalls entschärfen, zum Beispiel durch Ablenken, statt sie mit Worten regeln zu wollen.*

Mama telefoniert, aber das bringt wenige Erfahrungsmöglichkeiten. Dagegen lohnt es sich, dem gleichaltrigen Oskar nachzueifern, der herausfand, wie man allein den Wasserhahn aufdreht.

Wie geht der Weg vom Beobachter und Einzelkämpfer zum Teamplayer weiter? Während Hans anfangs eher beobachtet, wie Oskar am Wasserhahn herumschraubt und den Strahl dann irgendwann alleine, ohne Oskar, untersucht, werden die beiden das irgendwann nebeneinander tun und dabei feststellen, dass es beiden Spaß macht. Wenn Hans dann später den Hahn aufdreht, während Oskar eine zu füllende Flasche darunter hält, ist aus dem Nebeneinander ganz allmählich ein Miteinander entstanden.

Zusammengefasst

1. Kinder finden andere Kinder höchst interessant. Aber es dauert, bis sie etwas miteinander anfangen können.

2. Einjährige geraten etwa alle 15 Minuten miteinander in Konflikt und spielen noch kaum miteinander. Man sollte nicht erzwingen, sie zusammenzuführen.

3. Im Laufe des Krippenalltags wird aus dem Nebeneinander ein Miteinander.

4. Kleine Menschen lernen durch Beobachtung. Kinder gleichen oder ähnlichen Alters sind für dieses nachahmende Lernen besser geeignet als Erwachsene.

„Moritz kratzt und beißt andere Kinder!“

Jasper ging bis vor zwei Wochen sehr gerne in die Krippe – aber jetzt zetert er jeden Morgen beim Abgeben: Es gibt dort einen Jungen, der ihn und andere Kinder der Gruppe beißt, kratzt, sie an den Haaren zieht… Natürlich verstehe ich, dass er das kaum mit gewalttätiger Absicht macht, aber am Ergebnis, dass Jasper mit regelrechten Wunden nach Hause kommt und nur noch zu Hause bleiben möchte, ändert das nichts. Muss da die Krippe nicht etwas unternehmen? Und was?

Ein Kind in der Gruppe fügt den anderen absichtlich und ohne Anlass Schmerzen zu. Kein Wunder, dass die Eltern sich sorgen und fragen: Was treibt das Kind dazu, ist das normal oder offenbaren sich da die Anfänge einer bedenklichen Persönlichkeit? Ist es nicht im Sinne des Schutzes Schwächerer oberstes Gebot, den Täter aus der Gruppe herauszunehmen, um ihm von Anfang an klarzumachen, dass so etwas nicht geht? Warum versäumen es die Erzieher offenbar, durch klare Regeln dieses zu unterbinden?

Mindestens genauso besorgt sind die Eltern des „Täters“. Nicht nur, weil sie feststellen mögen, dass ihr Kind in den Fokus gerät. Vor allem werden sie sich

TIPP:

- *Mit Ihrem Kind als „Opfer“ sprechen und zeigen, dass es angebracht ist, dem „Täter“ manchmal aus dem Weg zu gehen.*
- *Ihr Kind, wenn es „Täter“ ist, im Falle des Falles mit einem klaren „Nein“ ansprechen – oder es freundlich, aber bestimmt aus der heiklen Situation entfernen, wenn der nächste Beißer in der Luft liegt.*
- *Mit den Erzieherinnen darüber sprechen, auf welche Form von Ansprache Ihr Kind besonders gut reagiert, wenn Sie oder die Erzieher es von einer Handlung abbringen wollen.*

fragen, wie es zu diesem Verhalten kommt, wo das Kind daheim eigentlich gar nicht als in irgendeiner Form aggressiv auffällt. Was offenbaren sich darin für Ängste, Zwänge, Aggressionen, und wie kann ich das meinem Kind austreiben?

Warum tun manche Kleinkinder so etwas? Im Grunde zeigen sie dabei, so sagen Fachleute, ein ganz natürliches Explorationsverhalten: Kleinkinder gehen sehr direkt auf Interessantes in ihrer Umgehung zu, nehmen es gerne in den Mund oder versuchen, es fest zu packen. Normalerweise sind es eben bloß Dinge und keine Mitmenschen, die derartig robust angefasst werden.

Ein weiterer Aspekt ihres normalen Verhaltens der Umwelt gegenüber führt manchmal dazu, dass ihnen dieses unangemessene Anpacken anderer Kinder nicht einmal, sondern immer wieder passiert: Kleinkinder reagieren auf Wirkungen ihrer Taten mit großer Neugier, wiederholen also Handlungen, die einen starken Effekt hervorbringen. Wenn ein Kind, nachdem es ein anderes gebissen hat, plötzlich von allen Seiten angeschrien wird, ist das ein starker Effekt, den man, um ihn zu verstehen, immer wieder hervorbringen möchte: Also kneift es gleich noch einmal.

Die Schlussfolgerung in Bezug auf kneifende und beißende Kleinkinder ist also ganz einfach: Kleinkinder, die anderen Schmerzen zufügen, dürfen damit nicht in den Mittelpunkt geraten, sondern müssen eher knapp auf ihr Fehlverhalten hingewiesen werden, durch ein klares, aber unaufgeregtes „Nein". Die Aufmerksamkeit der Erwachsenen sollte stattdessen ganz dem „Opfer" gelten, das ohnehin getröstet werden will. Wer anderen wehtut, wird nicht mit Aufmerksamkeit belohnt – das verstehen auch kleine „Täter", die mit langen Vorhaltungen, warum es verkehrt ist, ein anderes Kind zu beißen, restlos überfordert wären.

Wenn die Umgebung auf diese Weise gelassen, aber klar reagiert, gehen Beiß- und Kratzphasen bei einzelnen Kindern schnell vorbei.

Zusammengefasst

1. Kleinkinder gehen sehr direkt auf Interessantes in ihrer Umgebung zu, nehmen es gerne in den Mund oder versuchen, es fest zu packen. Das gilt auch für Mitmenschen. Fachleute nennen das ein natürliches Explorationsverhalten.

2. Kleinkinder reagieren auf starke Wirkungen ihrer Taten sehr neugierig. Sie wiederholen Handlungen, die einen starken Effekt hervorbringen, um ihn zu verstehen.

3. Kleinkinder, die anderen Schmerzen zufügen, dürfen damit nicht in den Mittelpunkt geraten. Sie sollten knapp auf ihr Fehlverhalten hingewiesen werden. Die Aufmerksamkeit der Erwachsenen sollte stattdessen dem „Opfer" gelten.

Jedem Kind sein eigenes Tempo

Während viele der anderen Kinder schon richtige kleine Unterhaltungen führen können, ist bei meinem Paul in puncto Sprachentwicklung noch gar nichts zu merken. Sollte ich ihn irgendwie fördern? Oder Hilfe suchen?

Vielen Eltern wird erst, wenn das Kind in die erste Kindergruppe kommt, bewusst, was der Satz bedeutet, jeder Mensch habe sein eigenes Entwicklungstempo. Plötzlich erleben Eltern, dass andere Kinder ihrem eigenen Kind trotz gleichen Alters in manchem weit voraus zu sein scheinen.
Gerne wird das Gegenteil wahrgenommen, wenn das eigene Kind in mancher Fertigkeit den anderen um Jahre voraus zu sein scheint – Anzeichen einer hohen Begabung? Bei beiden Wahrnehmungen denken viele Eltern unruhig darüber nach, ob es nicht sinnvoll wäre, das Kind jetzt zu fördern – um entweder eine langsame Entwicklung anzukurbeln oder eine sichtbar werdende Begabung weiter anzufeuern.

In den meisten Fällen sind Sorge wie auch Stolz unberechtigt. Gerade dadurch, dass die Kinder bislang nicht in einer Gruppe aufeinander trafen, fehlte ihrer Entwicklung ein vereinheitlichendes Element. So konnte es passieren, dass sich Paul zwar sprachlich noch zurückhaltend entwickelte, aber viel Energie auf sein sonstiges logisches Denken verwandte, während Annika hervorragend sprechen konnte, aber motorisch noch etwas zurücklag. In der Krippe nähern sich die Entwicklungsstände meistens wieder an, denn nun hat Paul Annika als sprachliches Gegenüber, während diese von ihrer Freundin Thea Klettertricks abschauen kann. Trotz dieses Annäherungseffektes wird es wohl eine Weile so bleiben, dass Jonas besser spricht als die anderen, und Svenja mit ihrem Körper Dinge kann, die sonst noch keiner beherrscht. Kleinkinder mögen es, für ihre „Spezialbegabung" bewundert zu werden und sie immer weiter zu verfeinern – und vernachlässigen dafür eventuell andere Bereiche.

Aber ab wann sollte man etwas unternehmen – und wie? Sinnvoll ist es, über vermutete Entwicklungsdefizite mit den Erzieherinnen zu sprechen, die schon vielfältigste Erfahrungen haben, was in welchem Alter üblich ist – und die im Vergleich zum Kinderarzt einen viel repräsentativeren, ganztätigen Einblick in die Entwicklung Ihres Kindes haben. Eventuell ist es nützlich, die Erzieherin um eine „gezielte Beobachtung“ zu bitten, bei der diese das Kind während einer längeren Spielphase begleitet und ihre Eindrücke festhält. Bevor Sie gemeinsam beschließen, einen Spezialisten einzuschalten, sollten Sie mit Erzieherin oder Erzieher über fördernde Maßnahmen sprechen, die daheim und in der Krippe durchgeführt werden können: Statt Paul zum Logopäden zu schicken oder Annika zur Ergotherapie, kann es für den Jungen besser sein, ab und zu Zeit für ein Gespräch mit seiner Bezugserzieherin zu haben, und Annika kann es nützen, dass sie zusammen mit einer kleinen Gruppe anderer Kinder immer mal wieder zum Klettern animiert wird.

TIPP:

- *Um ein Entwicklungsgespräch mit der Bezugserzieherin bitten und dort deren Meinung einholen.*
- *Darum bitten, in der Gruppe einmal hospitieren zu dürfen, um Ihre Vermutung zu überprüfen.*
- *Die Krippe bei Bedarf bitten, fördernde Maßnahmen zu ergreifen, die auch Sie unterstützen können.*
- *Beim nächsten Entwicklungsgespräch – oder spätestens in einem halben Jahr – überprüfen, wie sich die Sache entwickelt hat.*

Zusammengefasst

1. Da die Kinder bislang nicht in einer Gruppe aufeinander trafen, fehlte ihrer Entwicklung ein vereinheitlichendes Element. In der Krippe nähern sich ihre Entwicklungsstände langsam an.

2. Es ist sinnvoll, über vermutete Entwicklungsdefizite mit den Erzieherinnen zu sprechen. Sie haben vielfältigste Erfahrungen, was in welchem Alter üblich ist. Anders als der Kinderarzt erleben sie Ihr Kind zudem ganztägig.

3. Bevor Sie sich externe Hilfe bei Logopäden oder Ergotherapeuten suchen, sprechen Sie mit den Erzieherinnen über fördernde Maßnahmen. Das reicht oft schon aus.

Wie Kleinkinder sprechen lernen

Die Tochter meiner Nachbarn spricht sehr deutlich und kann für ihr Alter wirklich schon viele Worte. Das ist kein Wunder, sagt meine Nachbarin, denn in der Krippe arbeiten sie nach einem speziellen Sprachförderplan. Eine Kollegin hat mir erzählt, dies sei alles Quatsch. Was soll ich glauben?

Wie lernen Kinder gut sprechen? Indem viel mit ihnen gesproche wird, wissen Pädagogen. Dabei kommt es natürlich auf eine beidseitige Kommunikation an: Schon kleine Kinder, die noch nicht sprechen können, brauchen das Gefühl, dass sie im Dialog mit einem sprechenden Erwachsenen sind, bei dem dieser ihre „Antworten" in Form von Lautäußerungen und Gesten ernst nimmt. Der Vater, der mit seinem Kind im Kinderwagen herumalbert und dafür ein fröhliches Glucksen erntet, tut seinem Kind mehr Gutes als der, der immer wieder versucht, ihm das Wort „Papa" zu entlocken, das das Kleine partout noch nicht sagen will oder kann.

Ältere Kinder brauchen die Gewissheit, dass man ihnen zuhört und ihre Worte Gewicht haben, ganz unbedingt. Um ihre Sprachfertigkeit mit Freude weiterzuentwickeln, müssen sie erfahren, dass die Verwendung von Sprache sie weiterbringt, weil sie damit Wünsche und Gefühle äußern können. Kinder, die das Gefühl haben, „mitreden" zu können, lernen besser sprechen als Kinder, deren Meinung auf wenig Interesse stößt.

TIPP:

- *Sprechen, sprechen, sprechen, am besten in ganzen Sätzen und zu jeder Handlung.*
- *Darauf achten, dass dies in der Krippe auch getan wird.*
- *Viel vorlesen, Bilderbücher ansehen, singen.*
- *Ihr Kind altersgemäße Entscheidungen treffen lassen.*

Gibt es denn Eltern oder Erzieherinnen, die zu wenig mit den Kindern sprechen? Untersuchungen zeigen, dass mit Kindern in manchen Krippen (und wohl auch Familien) zwar viel gesprochen wird, aber dabei eines klar überwiegt: Aufforderungen. „Geh bitte dahin", „Zieht bitte die Schuhe an." Auf solche Sätze, die mancherorts 90 Prozent der Kommunikation mit Kindern ausmachen, entsteht aber kaum Kommunikation. Kinder brauchen stattdessen jede Menge Gespräche in einem interessanten, emotional angebundenen Rahmen. Ihr Sprachvermögen entwickelt sich in der Auseinandersetzung mit der Welt, der Natur, den Dingen, die ihnen täglich begegnen. Sie lernen sprechen, wenn sie die Welt in die Hand nehmen und erfahren dürfen.

Helfen Sprachförderprogramme, wenn Kinder zu wenig sprechen? Unsere Erfahrung ist, dass viele der Sprachtests und formalisierten Sprachprogramme, die in manche Kindertagesstätte hineinschneiten, keinen großen Nutzen haben. Eher kann man sie als Beitrag der Politik verstehen, die nach dem Schock der PISA-Vergleichstests das Bildungsniveau in deutschen Schulen und Kindergärten befördern wollte. Auch universitäre Studien konnten nicht nachweisen, dass Übungsprogramme mit Kindern, die unsere Sprache schlecht sprechen, einen Nutzen erbrachten. Wenn Sie das Gefühl haben, Ihr Kind spreche zu zögerlich und zu wenig, sollten Sie also nicht auf irgendwelche Programme vertrauen, sondern besonders häufig mit Ihrem Kind über interessante Dinge reden, ihm etwas vorlesen oder vorsingen. Machen Sie mit ihm Dinge, bei denen Sprache ganz automatisch dazugehört! Und generell gilt: Bleiben Sie entspannt, denn gerade bei der Sprachenwicklung ist das Tempo von Kindern individuell höchst unterschiedlich.

Sprachentwicklung ist kein Wettkampf. Jedes Kind lernt in der ihm eigenen Zeit und der ihm eigenen Reihenfolge zu sprechen. Es kann sein, dass das erste Wort nicht „Mama", sondern „Auto" ist. Manch einer kann seinen Namen nicht richtig aussprechen, dafür aber laut und deutlich „Mähdrescher" sagen. Lassen Sie sich von den Phänomenen der Sprachentwicklung nicht irritieren. Genießen Sie das lustige Spiel der Kinder mit Lauten und Worten.

Ein Wort zu bilingualen Krippen. Das Aufwachsen in mehreren Sprachen wird oft als Wettbewerbsvorteil für die globalisierte Zukunft verstanden. Wir raten jedoch dazu, dieses Phänomen unserer modernen Gesellschaft mit etwas Demut zu betrachten. Einmal, weil Kinder, die zwei oder drei Sprachen auf einmal lernen, weil ihre Eltern diese als Mutter- oder Vatersprache mit in die Familie bringen, nicht nur Vorteile haben: Sie brauchen länger, um die Sprachen zu beherrschen, erleben Phasen der Sprachverwirrtheit und hinken oft hinter ihren monolingualen Altersgenossen in der Sprachfertigkeit hinterher. Zweitens, weil bi- oder multilinguale Erziehung nur Sinn macht, wenn dies in der Familienkonstellation angelegt ist. Ein Kind zweier Eltern mit deutscher Muttersprache in eine bilinguale Krippe zu geben, damit es von Anfang an Englisch lernt, ist sicher eine hehre Absicht, im Endeffekt leider aber ohne nennenswertes Ergebnis.

Zusammengefasst

1. Auch die Lautäußerungen von kleinen Kindern müssen ernst genommen werden. Selbst wenn sie noch nicht sprechen können, brauchen Kinder das Gefühl, dass sie im Dialog mit einem Erwachsenen sind.

2. Kinder müssen erfahren, dass die Verwendung von Sprache sie weiterbringt. Wenn sie das Gefühl haben, „mitreden" zu können, lernen sie besser sprechen.

3. Achten Sie darauf, dass die Kommunikation mit Ihrem Kind nicht nur aus Anweisungen besteht, sondern in einem interessanten, emotional angebundenen Rahmen stattfindet.

4. Sprachtests und formalisierte Sprachprogramme haben keinen großen Nutzen. Reden Sie lieber häufig mit Ihrem Kind über interessante Dinge, lesen oder singen Sie ihm etwas vor.

Tablet-Computer in der Krippe?

Die Krippe einer Privatschule in unserer Umgebung wirbt mit Technik für die Kleinsten: Da gibt es jetzt schon Tablets für die Zweijährigen, damit die von Anfang an mit modernen Medien umgehen können. Ich war da bisher eher zögerlich – zu Recht?

Seit vielen Jahren können wir beobachten, wie einzelne Krippen und Kitas moderne Technik in den Alltag integrieren wollen, um damit Kinder von früh an Medienerfahrungen machen zu lassen. Die Vorstellung, den Kindern fiele damit später das Arbeiten mit solcher Technik viel leichter, weil früh gelernt, ist aber schon an sich unlogisch: Schließlich werden Tablet-Computer & Co. ja gerade mit dem Argument angepriesen, dass sie so „intuitiv benutzbar" seien, und für solch einfach zu bedienende Dinge braucht man keine Gewöhnung von Kleinkindesbeinen an. Eine gewisse Skepsis gegenüber Technik für die Allerkleinsten ist also absolut berechtigt.

Gegen Computer, aber auch Playstation und Fernsehen mit noch so gut gemeinten Lernprogrammen spricht zweierlei. Erstens brauchen Kleinkinder noch viele Jahre Erfahrungen mit allen Sinnen: Sie lernen also über Sehen, Riechen, Hören, Fühlen, Tasten gleichzeitig, und alle modernen Medien können nur betrachtet und gehört werden – das reicht nicht, um zu verstehen. Zweitens haben helle Bildschirme und bewegte Bilder die Eigenschaft, kleine Menschen ganz besonders in ihren Bann zu ziehen. Kleinkinder können sich nicht vom Bildschirm lösen, versinken davor in quasi erzwungener Passivität. Kleine Kinder bleiben vor dem Bildschirm sitzen, auch wenn sie noch so rappelig werden – sogar dann, wenn ein wohlmeinendes Programm im Fernseher sie aktiviert, doch jetzt mal spielen zu gehen.

Verdächtig sollte uns sein, dass Computerhersteller und Gameproduzenten den Kindereinrichtungen gerne Gratistechnik zur Verfügung stellen. Wenn kleine Kinder es von Anfang an als angenehm erleben, vor dem Bildschirm zu hocken, zahlt sich die Investition für die Hersteller vermutlich aus. Unser Rat: Weg damit!

TIPP:

- *Ihr Kleinkind so lange wie möglich überhaupt nicht fernsehen lassen, weil es das Medium noch nicht versteht.*
- *Ihr Kind von Anfang an erfahren lassen, dass es nur in begrenztem Rahmen fernsehen darf: mit Begrenzung auf eine Sendung, möglichst ohne Werbepause!*
- *Ihrem Kind eine ausgediente Tastatur zur Verfügung stellen, um Technikspiele zu ermöglichen, statt mit ihm allzu oft am echten Bildschirm zu sitzen.*
- *Sich anschauen, welche Medien in Ihrer Krippe für welches Alter angeboten werden – und gegebenfalls mit anderen Eltern und den Erzieherinnen darüber sprechen.*

Zusammengefasst

1. Kleinkinder brauchen Erfahrungen mit allen Sinnen. Sie lernen über Sehen, Riechen, Hören, Fühlen, Tasten gleichzeitig. Moderne Medien können nur betrachtet und gehört werden – das reicht nicht, um zu verstehen.

2. Kleinkinder können sich nicht vom Bildschirm lösen und versinken in quasi erzwungener Passivität.

3. Skepsis gegenüber Technik für die Allerkleinsten ist absolut berechtigt.

Fotoalben, Portfolios und Dokumentationen

Kleine Kinder brauchen genügend Erzieherinnen, die sich um sie kümmern. Wie wohl überall in Deutschland scheint mir der Erzieherschlüssel in der Krippe meines Sohnes viel, viel zu gering. Mich erschreckt, dass die Erzieherinnen angesichts dieser Knappheit auch noch dauernd keine Zeit für die Kinder haben, weil sie Berichte ausfüllen müssen oder aufwendige Fotodokumentationen herstellen müssen, die – mal offen gesprochen – doch sowieso kaum jemand betrachtet…

Viele Eltern und auch mancher zukünftige Pädagoge fragen uns, warum schriftliche und bildliche Dokumentationen heute so wichtig für den Beruf einer Erzieherin sind. Wenn junge Eltern sich an ihre eigene Kindergartenzeit erinnern, fällt auf, dass die Arbeit einer Erzieherin sich heute ganz erheblich von der vor zwanzig, dreißig Jahren unterscheidet. Viele Tätigkeiten sind hinzugekommen, die für ältere Kolleginnen zu Beginn ihrer Laufbahn nicht denkbar gewesen wären: umfangreiche Fotodokumentationen erstellen – mit Digitalfotos, Fotos auf einen digitalen Bildschirm einspielen, ein „Portfolio" oder „Bildungs- und Lerngeschichten" führen, in dem jeder wichtige Entwicklungsschritt des Kindes gewürdigt werden soll. Sicherlich ganz nett, denkt mancher, das alles zu betrachten – aber wird damit der Zeitraum, um sich um die Kinder zu kümmern, nicht immer enger?

Wir sind seit vielen Jahren sehr überzeugt von Fotoalben und Portfolios, weil damit zwei Ziele erreicht werden: Zum einen erhalten Sie als Eltern einen intensiven Eindruck, was Ihr Kind den Tag über erlebt und wie es sich über die Jahre in der Krippe hinweg fortentwickelt. Dabei geht es nicht nur darum, dass die Eltern „Bescheid wissen", sondern vor allem auch um die Zusammenarbeit mit den Pädagogen: Je konkreter Sie mitbekommen, welche Entwicklungsschritte Ihres Kindes die Krippe verfolgt und fördert, desto mehr können Sie von Ihrer Seite aus daran mitwirken. Aber erst recht andersherum: Wenn Sie mit den Erziehern gemeinsam die Dokumentationen betrachten, können Sie im Gespräch

Ihre Beobachtungen mitteilen, was Ihr Kind gerade Neues gelernt hat und welche Interessensgebiete es hat – und es ist gut für Ihr Kind, dass die Erzieher das nun auch in ihrer Arbeit berücksichtigen können.

Auch in einer zweiten Hinsicht ist die Verpflichtung zu diesen Dokumentationen wertvoll: Erzieherinnen schauen beim Auswählen der Fotos und Beschriften automatisch auf den zurückliegenden pädagogischen Alltag zurück. Während es im Alltagstrubel nicht leicht fällt, über den Erfolg der eigenen Arbeit nachzudenken, gelingt das in der Rückschau gut. Die Dokumentation der eigenen Arbeit bringt Erzieherinnen dazu, ihre eigene Tätigkeit zu reflektieren, stolz auf Gelungenes zu sein und Nichtgelungenes kritisch zu hinterfragen. Diese Reflexion kommt der Arbeit mit den Kindern zugute und dient dem individuellen Blick, der gezielten Förderung jedes einzelnen Kindes.

Allzu viel Zeit geht den Kindern übrigens nicht dadurch verloren, denn in aller Regel arbeiten Erzieherinnen im Beisein der Kinder daran, Portfolios und Dokumentationsposter herzustellen. Schon kleine Kinder lieben es, dabei zuzuschauen und sich anhand der Bilder an vergangene Momente zu erinnern.

TIPP:

- *Sich Portfolio-Formulare geben lassen, um selbst Fotoseiten oder Erlebnisse Ihres Kindes beizusteuern.*
- *Anregen, ob die Elternschaft die Anschaffung einer Digitalkamera und eines guten Druckers unterstützen möchte, um den Erziehern die Arbeit einfacher zu machen.*
- *Sich Zeit nehmen, die Dokumentationen zu betrachten, und darüber das Gespräch mit den Erzieherinnen suchen – das gibt Ihnen Einblick und macht die Erzieher stolz!*

Zusammengefasst

1. Im „Portfolio“ wird jeder wichtige Entwicklungsschritt des Kindes festgehalten und gewürdigt.

2. Als Eltern erhalten Sie dadurch nicht nur einen intensiven Eindruck, sondern können auch aktiver mitwirken. Wenn Sie mit den Erziehern gemeinsam die Dokumentationen betrachten, können Sie im Gespräch Ihre Beobachtungen teilen.

3. Die Erzieherinnen bringt die Dokumentation der eigenen Arbeit dazu, ihre Tätigkeit zu reflektieren, stolz auf Gelungenes zu sein und Nichtgelungenes kritisch zu hinterfragen.

4. Kinder lieben es, bei der Erstellung des Portfolios zuzuschauen und sich an vergangene Momente zu erinnern.

Reif für den Kindergarten?

In den ersten zwei Jahren war ich sehr zufrieden mit Mias Krippe – vor allem mit der Art, wie die Erzieherinnen die Kleinen umsorgt haben. Jetzt, wo meine Tochter ihren zweiten Geburtstag hinter sich hat, finde ich, dass diese ganze Umsorgerei sie langsam in ihrer Entwicklung steckenbleiben lässt. Wird Mia langsam zu groß für die Krippe? Wäre sie jetzt besser im Kindergarten aufgehoben?

Im Kleinstkindalter entwickelt sich der Mensch so schnell fort wie später nie mehr. Innerhalb von Monaten, Wochen, manchmal Tagen erweitern sich Fähigkeiten des Kindes, und entsprechend verändern sich seine Bedürfnisse nach neuen Erfahrungen. Das hat Konsequenzen für die Arbeit der Krippenerzieher, die nicht nur „das Kind im Blick" haben müssen, wie es so schön heißt, sondern ganz verschiedene Kinder im Blick haben müssen, um unterschiedlichsten Bedürfnissen gerecht zu werden. Ein sechsmonatiges Kind unterscheidet sich in fast allem, was es tut, von einem Zweijährigen.

Erzieherinnen in der Krippe müssen es hinbekommen, diese Veränderung eines jeden Kindes mitzumachen. Das ist für die Beobachtungsgabe der Pädagogen eine große Herausforderung, denn sie müssen immer wieder hinschauen, was sich an dem ihnen längst wohlvertrauten Kind wieder verändert haben könnte. Muss Theo eigentlich immer noch gefüttert werden, wie es bei dem Kleinsten in der Gruppe lange Zeit nötig war? Braucht Lea immer noch den Bären, ohne den sie die letzten beiden Jahre nicht einschlafen konnte? Gerade weil die Arbeit in der Krippe von Routinen geprägt ist, fällt es den Pädagogen nicht immer einfach, alle sich verändernden Bedürfnisse und Fähigkeiten sofort zu erfassen.

Gerade in dieser Hinsicht können Sie als Eltern viel Unterstützung geben. Sprechen Sie mit Ihrer Erzieherin darüber, was Ihr Kind nach Ihren Beobachtungen plötzlich Neues hinzugelernt hat und welche neuen Einsichten oder Ausdrucksmöglichkeiten es gewonnen hat – manche Veränderungen werden der Erzieherin im Alltagstrubel entgangen sein. Andersherum werden Sie mit Interesse erfahren, welche neuen Fertigkeiten Ihres Kindes Ihnen bisher nicht aufgefallen sind. Solche Gespräche zwischen Eltern und Erzieherin – ob nun als langes Elterngespräch oder nur als Smalltalk beim Abholen – sind ein hervorragendes Mittel, um sich auf den „aktuellen Stand“ in Bezug auf die Entwicklung des Kindes zu bringen und gemeinsam zu überlegen, was man dem sich verändernden Kind an neuen Herausforderungen bieten könnte.

Wäre Mia aus unserer Einstiegsfrage besser im Kindergarten aufgehoben, weil sie sich so schnell fortentwickelt hat? Wenn die Krippe es schafft, mit ihren neuen Fähigkeiten Schritt zu halten, kann sie noch eine Weile dort bleiben und viele wertvolle Erfahrungen machen – zum Beispiel, wenn ihrer neuen Selbstständigkeit entgegnet wird, indem sie beim Tischdecken, Bettenmachen oder Anziehen so viel wie möglich selber machen oder sogar für die Gruppe Verantwortung übernehmen darf. Auch wird es ihr guttun, wenn für sie und andere Zweijährige dem Alter entsprechend mehr Entscheidungsspielraum gilt: Lieder beim Morgenkreis, Schlafen müssen oder nicht, Rausgehen oder Drinnenbleiben. Natürlich sollte es auch anregende Spielmaterialien geben, die den gerne im Rollenspiel versinkenden „Großen“ Spaß machen – und vielleicht auch Raumbereiche, in denen sie in Ruhe ihre Spiele spielen können. Je besser sich eine Krippe auf die verändernden Bedürfnisse der Kinder individuell einstellen kann, desto unwichtiger wird die Frage, wie groß die Altersspanne ist.

TIPP:

- *Regelmäßig mit den Erziehern über beobachtete Entwicklungsschritte Ihres Kindes in Austausch treten.*
- *Zu Hause immer wieder ausprobieren, welche Formen des Umsorgens Ihres Kindes weiterentwickelt oder auch abgeschwächt werden können – zum Beispiel beim Essen, Schlafenlegen, Anziehen, beim Zulassen eigener Entscheidungsspielräume.*

Ein Gedanke zuletzt: Nach unseren Erfahrungen finden es viele Eltern besser, ihr Kind als kleineres Kind unter Älteren zu wissen, damit es von deren Erfahrungen profitieren kann. Den besonderen Wert der gegenteiligen Konstellation übersehen sie eher: Guttut es einem Kind auch, eine Zeit lang zu den Ältesten zu gehören und seine Erfahrungen weitergeben zu können. In Krippen, die Kinder bis drei Jahren betreuen, kann man das sehen: Oft wirken die gerade erst Dreijährigen dort wie Chefs, die das Tun der Jüngeren strukturieren – oder wie geduldige Erzieher, die den Kleinen neue Fähigkeiten vermitteln wollen. Es ist einfach ein positiver Weg, den Erwerb einer Kompetenz abzuschließen, indem man sie an andere weitergeben kann.

Zusammengefasst

1. Gerade weil die Arbeit in der Krippe von Routinen geprägt ist, fällt es den Erzieherinnen nicht immer leicht, alle sich verändernden Bedürfnisse und Fähigkeiten der Kinder sofort zu erfassen.

2. Teilen Sie der Erzieherin Ihre eigenen Beobachtungen mit. Ob beim Small Talk oder in einem Elterngespräch – sprechen Sie darüber, was Ihr Kind plötzlich Neues hinzugelernt hat und welche Ausdrucksmöglichkeiten es gewonnen hat.

3. Sehr nützlich ist es, wenn eine Kita auch Raumbereiche hat, in denen die größeren Kinder in Ruhe ihre Spiele spielen können.

4. Altersgemischte Gruppen haben nicht nur Vorteile für die Kleinen. Gut-tut es einem Kind auch, eine Zeit lang zu den Ältesten zu gehören und seine Erfahrungen weitergeben zu können.

Gute Tage, schlechte Tage: Tipps für den Krippenalltag

Jeder Tag ist anders

Wenn Ihr Kind in die Krippe geht, verändert sich nicht nur der entsprechende Tagesabschnitt für Sie und Ihr Kind. Auch die Zeit daheim ist nicht mehr ganz genauso wie vorher: Viele Momente sind geprägt davon, dass Sie in irgendeiner Form den Krippentag vor- oder nachbereiten.

Oft verändert sich das Kind auch emotional ein kleines bisschen im Vergleich zu vorher: Viele Kinder benötigen jetzt einen Ausgleich zu den bewegenden Momenten in der Krippe. Weil sie dort viel erleben, brauchen sie danach oft Zeit, um das Erlebte zu rekapitulieren. Weil sie dort mutig mit vielen anderen Kindern spielen und vergleichsweise seltener von einem einzigen Erwachsenen umsorgt werden, könnte es jetzt auf Sie zukommen, dass Ihr Kind mit besonderer Intensität Nähe einfordert. Das kann ein müdes, klagendes Kind bedeuten, das sich jetzt ganz klein machen und fallen lassen möchte, es kann aber auch ein angenehmes Kuschelbedürfnis sein. Falls Ihr Kind jetzt mehr Ruhe braucht: Genießen Sie die ruhigeren Momente auch als Mußezeiten für sich selbst. Manchmal wirken Kuscheln, gemeinsames Musikhören, gemeinsam erlebtes Wunder des Wolkenbetrachtens – auch für die eigene Seele.

In diesem Teil unseres Buches haben wir ein paar charakteristische Momente zusammengetragen, die das Leben von Familien mit Krippenkindern ausmachen und in denen es nicht immer einfach ist, Ihr Kind freudig durch den Tag zu geleiten.

TIPP:

- *Versuchen Sie, gelassen zu bleiben, akzeptieren Sie die Stimmungsschwankungen, die gelegentliche Bockigkeit Ihres Kindes als ganz normale Verhaltensweise eines Kleinkindes, die Sie weder abstellen können noch persönlich nehmen dürfen.*
- *Im Übrigen: Auch Eltern, deren Kinder nicht in eine Krippe oder Kita gehen, erleben solche Momente!*

Zusammengefasst

1. Die Zeit in der Krippe verändert auch den Alltag zu Hause.
2. Oft muss der Krippenalltag in irgendeiner Weise vor- oder nachbereitet werden.
3. Viele Kinder benötigen einen Ausgleich zum bewegenden Tag in der Krippe.

Ein Morgen ohne Stress

Ein Morgen ohne Stress – gibt es das mit einem Krippenkind? Luisa geht schon ein Jahr zur Krippe, aber von Routine keine Spur: Jeder Tag beginnt mit einem Kampf gegen die Zeit. Zum Beispiel heute, wo sie sich das ausgewählte Kleidchen im Badezimmer nass geplanscht hat und alle anderen Bekleidungsvorschläge verzweifelt ablehnte. Ich wünsche mir nichts mehr, als einen Morgen ohne Streit, ohne Gezicke und ohne diese wegen unserer Verspätung genervten Erzieher- und Kollegenblicke!

Gewiss kein Einzelfall: Der Morgen vor dem Krippentag ist in fast allen Familien geprägt von Eile und Hektik. Die Eltern müssen pünktlich zur Arbeit, das Kind möchte eigentlich noch länger schlafen, braucht beim Anziehen viel zu lange, spielt sich „fest", anstatt die Zeitplanung der Eltern zu unterstützen… Die Möglichkeiten für morgendliche Stressfaktoren sind vielfältig.

„Verstehst du nicht, dass wir einfach zu spät kommen, wenn du so trödelst?", mag man dann wütend fragen – dabei ist die Antwort klar: Nein. Kleine Kinder nehmen die Welt anders wahr, als wir es mit unseren erfahrenen Sinnen und unserem auf den Alltag gut eingestellten Wesen tun. Ihr Wesen ist auf den Moment gepolt und verfügt noch gar nicht über die Voraussetzungen, die man braucht, um Handlungsfolgen einsehen oder Begriffe wie „vorher", „jetzt" und „nachher" verstehen zu können. Kein Wunder also, dass Luisa die Eile ihrer Mutter nicht teilen kann und den morgendlichen Ablauf mit ihrem Interesse für den wunderlichen Wasserfallerzeuger im Bad durcheinander bringt.

Was hilft? Zunächst natürlich eine großzügige Zeitplanung: Wer wirklich nur die allernötigste Zeit für Wachwerden, Anziehen und Nahrungseinnahme einplant, braucht sich über täglichen Stress nicht zu wundern. Irgendein unvorhersehbares Ereignis, eine Störung des allzu eng geplanten Ablaufes wird es fast jeden Morgen geben. Vielleicht können Sie Ihren Arbeitsbeginn um eine Stunde nach hinten verschieben, vielleicht müssen Sie die Familie eher wecken, um einen ruhigen Morgen, in den sich unvorhersehbare Ereignisse gut integrieren lassen, zu garantieren. Der ruhige Tagesbeginn ist wichtig für Eltern wie Kinder: Kinder lassen sich sehr viel leichter in die Krippe bringen, wenn sie sich in Ruhe und Frieden auf den Tag einstellen konnten.

Noch mehr als eine großzügige Zeitplanung helfen jedoch Rituale: Wiederkehrende Abläufe helfen Kindern, sich im Alltag zu orientieren und geben ihnen die Gelegenheit, selbst aktiv am Geschehen teilzunehmen. Deshalb ist es gut, jeden Morgen in den gleichen Strukturen und in der gleichen Reihenfolge ablaufen zu lassen.

Solche ewig gleichen Abläufe mögen langweilig und unspontan sein, und besonders viel Spielraum hat das Kind scheinbar nicht – aber das ist jetzt, wo es müde ist und Sie einen Zeitplan zu erfüllen haben, auch gar nicht schädlich. Im Gegenteil: Kleine Kinder sind gerade in dieser kritischen Tagesphase mit zu vielen Entscheidungsmöglichkeiten durch die Erwachsenen oft überfordert. „Möchtest du dies oder das anziehen?“, „Willst du heute frühstücken – und wenn ja, was?“: Solche Fragen führen schnell zur Überforderung des Kindes, und nicht selten enden sie in lautem Geschrei. Natürlich möchte Ihr Kind gerne vieles entscheiden, aber gerade jetzt tut es ihm wohl, wenn es „geführt“ wird, klein und müde sein kann. Legen Sie also die Sachen, die Ihr Kind anziehen soll heraus, erklären Sie ihm, dass jetzt Frühstückszeit ist und dass die Familie gleich aufbrechen wird. Klare Aussagen sorgen dafür, dass das Kind sich in die Situation einfügen und aktiv an ihr teilhaben kann. Dies funktioniert noch besser, wenn die Abläufe einem festen Ritual folgen.

TIPP:

- *Genug Zeit einplanen.*
- *Dem Kind keine Entscheidungen abverlangen. Maximal zwei Alternativen anbieten.*
- *Ihre Handlungen mit klare Sätzen und Aufforderungen begleiten.*
- *Einen täglich gleichen Ablauf durchführen.*

Zusammengefasst

1. Kleinkinder sind auf den Moment gepolt und verstehen Begriffe wie vorher, jetzt und nachher nicht.

2. Am wichtigsten ist eine großzügige Zeitplanung. Kinder lassen sich viel leichter in die Krippe bringen, wenn sie sich in Ruhe auf den Tag einstellen konnten.

3. Wiederkehrende Abläufe helfen Kindern, sich im Alltag zu orientieren und selbst aktiv am Geschehen teilzunehmen.

4. Klare Ansagen helfen. Kleine Kinder sind morgens mit zu vielen Entscheidungsmöglichkeiten oft überfordert. Jetzt tut es ihnen gut, wenn sie „geführt“ werden, klein und müde sein können.

„Was ziehe ich Robert an?“

Kleidung, die schmutzig werden kann, soll er tragen, steht auf dem Begrüßungszettel der Krippe. Einfacher gesagt als getan: Robert hat schon bestimmte Lieblingsanziehsachen, und die möchte er auch tagsüber tragen. Und ich ziehe ihm erst recht gerne schöne Sachen an. Wenn ich ihn in geflickten Sachen oder mit Flecken, die nicht mehr rausgehen, zur Krippe bringe, haben die Erzieher doch auch einen ziemlich komischen Eindruck von unserer Familie, und erst recht die anderen Eltern?

Wir Eltern lieben es, wenn unsere Kinder besonders schöne Sachen tragen, die ihren Charakter noch ein bisschen unterstreichen. Und es ist natürlich, dass wir Kinder mit Kleidungsstücken in den Tag verabschieden, die sie besonders gerne tragen.

Genauso natürlich und unabänderlich ist es aber auch, dass Kleinkinder sich schmutzig machen. Ihre aktuell wichtigste Aufgabe als Kleinkind ist es, Erfahrungen mit Materialien aller Art zu machen und die Welt mit allen Sinnen zu spüren. Dieses evolutionär mitgegebene Programm beinhaltet, dass Essen auf den Körper kleckert, Arme tief in Wasser und Matsche getaucht werden – diese Liste könnte man unendlich verlängern. Je mehr solcher Erfahrungen Kleinkinder in einer Krippe machen dürfen, desto dreckiger werden sie.

Kann man die Kinder nicht einfach anhalten, ein bisschen auf ihre Sachen zu achten? Nur um einen hohen Preis: Wer beim Essen oder Malen immer darauf achten soll, dass er nicht kleckert, wer nur an trockenen Tagen im Garten toben darf und immer ein bisschen aufpassen muss, verliert schnell die Lust an wichtigen intensiven Erfahrungen. Krippen, aus denen Kinder blitzsauber wieder abgeholt werden, machen etwas verkehrt.

Verstehen Sie also die Bekleidung Ihres Kindes als „Arbeitskleidung“, die verschiedene Aufgaben hat, nicht nur die, gut auszusehen. Trauern Sie nicht um Flecken in Pullis, die ohnehin bald zu klein werden, sondern freuen Sie sich über all die sinnlichen Erfahrungen, bei denen Ihr Kind die Flecken gemacht hat.

TIPP:

- *Die Krippe bitten, einen Aktions-Wochenplan auszuhängen, um etwa am Maltag besonders bekleckerbare Sachen anzuziehen.*
- *Zum Abholen etwas Schmuckes mitbringen: Das macht es Eltern und Kind manchmal leichter, dass die Anziehsachen am Krippentag nicht allzu ansprechend waren, vor allem, wenn man hinterher noch etwas vorhat.*
- *Das Thema auf dem Elternabend ansprechen, um auch andere Eltern zu überzeugen, aus der Krippe keinen Laufsteg zu machen.*
- *Kleidung mit Namen versehen: Keine noch so aufmerksame Erzieherin kann auf all die Kinderbekleidungsstücke aufpassen.*

Zusammengefasst

1. Kleinkinder müssen Materialien mit allen Sinnen erspüren, das ist ihre wichtigste Aufgabe. Je mehr Erfahrungen sie machen dürfen, desto dreckiger werden sie.

2. Wer immer aufpassen muss, sich nicht zu bekleckern, verliert schnell die Lust an wichtigen, intensiven Erfahrungen.

3. Kinderkleidung ist „Arbeitskleidung“.

Zehn wichtige Minuten

Morgens in der Garderobe geht es zu wie auf dem Wochenmarkt: Alles redet durcheinander, die Kinder machen Quatsch, die Erzieher haben kaum Zeit für ein kleines Gespräch.

Viele unterschiedliche Menschen mit unterschiedlichen Bedürfnissen treffen beim Bringen in der Krippengarderobe zusammen: Die Kinder wollen umgezogen werden, man sollte das Fach kontrollieren, vielleicht muss Wechselwäsche zurückgebracht werden. Die Erzieherin, die eigentlich für die Kinder da ist, will Ihnen noch schnell etwas mitteilen – und Sie eventuell auch ihr.

Es ist gut, sich trotz des Trubels Zeit für ein paar Worte zu der Erzieherin oder dem Erzieher zu nehmen. Die sogenannten Tür-und-Angel-Gespräche haben neben einer informierende Funktion für beide Seiten auch eine emotionale Bedeutung: Geht es Ihrem Kind gut? Gibt es ein Problem, das zwischen Eltern und Erziehern steht? Wenige Worte verhelfen Eltern und Erzieher zu einem guten Start in den Tag.

Nicht in die Hektik bei der Übergabe passen Problemgespräche über kleine und große Unzufriedenheiten mit der pädagogischen Arbeit. Diese sollten Sie weder vor Ihrem Kind noch im Beisein anderer Eltern führen, und schon gar nicht in einer Situation, in der die Erzieherin keine Zeit zum Sprechen hat. Machen Sie für solche Unterhaltungen einen festen Termin aus, für den beide Seiten genügend Zeit einplanen können.

Wichtige Informationen, die in der Übergabesituation am Morgen ausgetauscht werden sollten, wenn es Besonderheiten gibt:

Informationen von Eltern für die Krippenerzieherin:

- Der Gesundheitszustand des Kindes: Gibt es eine Erkrankung in der Familie und zeigt das Kind auch schon Anzeichen davon? Hatte das Kind Fieber in der Nacht? Hat es starken Schnupfen oder Husten?
- Das allgemeine Wohlbefinden und die Stimmung des Kindes:
  Hat es schlecht geschlafen? Ist es quengelig, müde oder anderweitig auffällig? Ist es plötzlich an besonderen Dingen interessiert? Haben die Eltern einen Entwicklungsschritt bemerkt?
- Gab es in der Familie besondere Ereignisse und Vorfälle, die das Kind bewegen, von denen es vielleicht erzählen möchte?
- Ist das Abholen geplant wie jeden Tag oder gibt es eine Veränderung in Bezug auf Abholzeit oder abholende Person? (Achtung: Solche Informationen immer auch schriftlich festhalten, denn an Details wird sich die Erzieherin bei all den kurzen Gesprächen kaum erinnern!)
- Besondere Wünsche an die Einrichtung für den Tag: Vielleicht möchten Sie, dass Ihr Kind mehr zu trinken bekommt, eher schlafen gelegt wird oder mit einer anderen Creme eingecremt wird.

Informationen der Krippenerzieherin an die Eltern:

- Die aktuelle Situation in der Krippe: Ist eine Kollegin krank und müssen zwei Gruppen deswegen heute zusammengelegt werden? Hat eine Praktikantin in der Krippe angefangen? Stehen heute Haus- und Gartenarbeiten an?
- Besondere Vorhaben am Tag: Ist heute ein Ausflug geplant, wird Besuch erwartet?
- Erinnerung an Dinge, die eventuell fehlen: Windeln, Wechselwäsche, Malkittel? (Hier wäre ein Merkzettel hilfreich, damit Sie diesen Auftrag nicht vergessen!)
- Erinnerung an Vorhaben oder Ereignisse in der nächsten Zeit: Steht ein Gartentag, der Elternabend oder ein Schließtag in nächster Zeit bevor?
- Aufmerksam machen auf Informationen oder Aushänge: Gibt es Schreiben oder Aushänge, etwa zu einer Infektionskrankheit, oder das Protokoll der Elternversammlung, das gelesen werden sollte?

Zusammengefasst

1. Es ist gut, sich beim Bringen Zeit für ein paar Worte an die Erzieherin oder den Erzieher zu nehmen. Tür-und-Angel-Gespräche haben eine informierende Funktion für beide Seiten und zugleich eine emotionale Bedeutung.

2. Führen Sie in dem Trubel keine Problemgespräche. Machen Sie für solche Unterhaltungen einen festen Termin aus.

3. In das Tür-und-Angel-Gespräch passen Informationen zum Gesundheitszustand des Kindes, zu seiner aktuellen Stimmung oder zu besonderen Familienereignissen, die es beschäftigen könnten.

Wenn beim Bringen Tränen fließen

Jeden Tag das Gleiche: Beim Bringen klebt Annika an meinem Bein, will mich nicht gehen lassen und heult mir hinterher. Und wenn ich sie abhole, sinkt sie mir in die Arme, um dort erst einmal zu jammern. Ich habe jeden Tag ein schlechtes Gewissen, dass ich Annika das zumuten muss, nur weil ich gerne arbeiten gehen wollte.

Jede Krippe oder Kita kennt das: Manche Kinder verabschieden sich von ihren Eltern zügig, ohne sichtbare Gefühlsaufwallung, während andere Kinder über Jahre hinweg „Terz" machen, verzweifeln, leiden. Die Gefühlslage der Eltern entwickelt sich dabei ziemlich parallel zu der der Kinder: Auch sie werden unruhig, wenn das Abschiednehmen kurz bevorsteht, zögern es wohl ein wenig heraus, werden hitzig bei den ersten Tränen – und beruhigen sich erst, wenn man sich nicht mehr sieht. Dass es den allermeisten Kindern genauso geht, ist der Abschied erst einmal vollzogen, können Eltern den Erziehern kaum glauben – aber tatsächlich dauert es in den meisten Fällen kaum eine Minute, bis das Kind vom verzweifelten Hinterherheulen zum fröhlichen Spiel übergeht.

Viel Lärm also um nichts, könnte man vermuten, aber es ist kein Nichts, wegen dem die Kinder weinen – nur in den meisten Fällen etwas anderes als wir vermuten. Annika weint wohl nicht, weil sie statt des Besuchs in der Einrichtung lieber daheim wäre, denn zu einem solch sachlichen Vergleich zwischen zwei Situationen ist sie als Kleinkind kaum fähig. Was sie mehr beunruhigt als der kommende Tag in der Krippe ohne Eltern ist die aktuelle Situation, bei der sie wie jeden Tag ein ausgesprochen aufgeregtes, unsicheres Elternteil erlebt. Dass sich diese Unsicherheit und Aufregung von Mutter oder Vater und Kind gegenseitig übertragen, ist evolutionär angelegt, auch wenn es hier nicht nützlich ist. Je mehr Papa von einem schlechten Gewissen geplagt wird, Annika gleich heulen zu lassen, desto verstörter wird das Kind – und weint umso herzzerreißender. Besonders schlimm ist dieser Rückkopplungseffekt, wenn wir es besonders eilig haben und umso mehr hoffen, dass es jetzt bitte keinen Stress geben darf.

Außerdem leben kleine Kinder ihre Gefühle sehr viel unmittelbarer aus als wir Erwachsenen, die gelernt haben, Gefühle hintanzustellen oder sie zu unterdrücken. Natürlich ist das kleine Kind in diesem Moment traurig, dass es sich von Mama, Papa oder Oma trennen muss, aber genauso schnell freut es sich, seinen Freund oder die nette Erzieherin zu begrüßen.

Was hilft dem Kind in der Lage? Sicherheit – und das Gefühl, die Sache selbst im Griff zu haben. Solche nötige Sicherheit verschaffen vertraute Rituale, die zum Moment des Abschiednehmens dazu gehören, ihn klar erkennbar einleiten und abschließen – etwa der deutliche Kuss, dann das Winken vorm Fenster und ein täglich wiederkehrender Satz. Diese Rituale bieten dem Kind die Möglichkeit, selbst aktiv zu sein, und das verschafft das gute Gefühl, nicht passiv zu erdulden, sondern aktiv beim Verabschieden mitmachen zu können. Wenn ich nicht gedrängelt werde, endlich loszulassen, sondern derjenige bin, der selbst den Abschiedsstoß gibt, fühlt sich die Sache einfach besser an.

SCHÖNE ABSCHIEDSRITUALE:

Krabbelmäuschen:

Am Fenster oder der Glastür mit den Fingern krabbeln, jeder von seiner Seite.

Pusteblume am Fenster:

Ein Krippenfenster im Erdgeschoss kann man von außen behauchen, um in den getrübten Fleck ein Herz zu zeichnen. Wenn das Herz verschwunden ist, ist auch die Trauer verflogen.

Rausschubsen lassen:

Größere Kinder lieben es, Eltern aus der Tür zu „schubsen“ und damit sich selbst zu zeigen, dass sie Akteur beim Verabschieden sind.

TIPP: DAS SOLLTEN SIE VERMEIDEN

- *Nie zurückkommen und hinauszögern: Wie jeder unangenehmen Situation tut es auch der Abschiedssituation gut, schnell abgeschlossen zu werden, statt den Schmerz immer wieder aufkommen zu lassen.*
- *Nicht streng werden und das Kind zur Kooperation auffordern: Kleine Kinder haben das Recht, sich in ihren Gefühlen zu verlieren, aber keineswegs die Pflicht, Sie zu unterstützen, pünktlich loszukommen. Fähig, ein anstehendes „Theater" herunterzuschlucken, sind die Kinder sowieso noch nicht. Und wenn Sie beim Abgeben schimpfen, haben Sie eventuell den ganzen Tag ein schlechtes Gewissen.*

Zusammengefasst

1. Sobald die Eltern weg sind, dauert es in den meisten Fällen kaum eine Minute, bis das Kind vom verzweifelten Hinterherheulen zum fröhlichen Spiel übergeht.
2. Das Kind weint nicht, weil es lieber zu Hause wäre, sondern weil die Situation es irritiert, in der die Eltern Unsicherheit und Aufregung ausstrahlen.
3. Hilfreich sind vertraute Abschiedsrituale, an denen das Kind aktiv mitwirken kann.

Wenn die Lieblingserzieherin Urlaub hat

Franz liebt seine Krippe, weil dort seine geliebte Bine ist. Schön für uns, hat aber auch Nachteile: Ohne Sabine geht Franz nicht zur Krippe. Es ist sehr wahrscheinlich, dass Ihr Kind nicht zu jeder Erzieherin in der Einrichtung ein gleich gutes Verhältnis hat.

Kleine Kinder haben oft schwer nachvollziehbare Zuneigungs- oder Ablehnungsmuster gegenüber Erwachsenen. Die eine Person lieben sie überschwänglich, lassen sich von ihr auf den Arm nehmen, füttern, zu Bett bringen – und fangen an zu schreien, wenn eine andere Person sich nur in der Tür zeigt. Manchmal ist davon sogar die Oma oder ein Elternteil betroffen. Da hilft kein gutes Zureden, das Kind wird bei seiner Ablehnung gegenüber bestimmten Personen bleiben. Zeigt Ihr Kind ein solches Verhalten, ist es am besten, sich in dieser Phase der kindlichen Entwicklung darauf einzustellen. Erkundigen Sie sich nach dem Dienstplan der Einrichtung. Bitten Sie Ihre Gruppenerzieherin, Ihnen mitzuteilen, wann sie welchen Dienst hat, und richten Sie Ihre Bringezeit darauf ein, falls Ihnen dies möglich ist.

Beobachten Sie Ihr Kind in der Krippe und finden Sie heraus, zu welchen Personen es außerdem ein gutes Verhältnis hat, damit Sie diese um die Betreuung des Kindes bitten können, wenn Ihre Gruppenerzieherin krank oder im Urlaub ist. Manchmal ist es gut, eine „kleine Eingewöhnung“ abzusprechen, wenn ein längeres Fernbleiben der geliebten Erzieherin bevorsteht: Wenn Bines Kollegin Monika mit Franz ein paar Tage vor deren Urlaub gezielt spielt und Kontakt zu ihm aufnimmt, trifft ihn Bines Wegbleiben deutlich weniger schlimm.

TIPP:

- *Das Krippenteam bitten, einen Plan mit Frühdiensten und Urlaubszeiten auszuhängen.*
- *An Fehltagen der Lieblingserzieherin deutlich mehr Bringzeit einplanen!*
- *Vor anstehendem Fehlen der Lieblingserzieherin eine Annäherung zu deren Kolleginnen verabreden.*

Zusammengefasst

1. Eine deutliche Ablehnung von bestimmten Personen kann dem Kind nicht ausgeredet werden.

2. Beobachten Sie, zu welchen Erzieherinnen Ihr Kind außerdem ein gutes Verhältnis hat. Sie können gezielt auf diese zugehen, wenn die Lieblingserzieherin einmal ausfällt.

3. Vor einem längeren Fernbleiben der Lieblingserzieherin können Sie eine kleine Eingewöhnung ausmachen. Die Ersatzerzieherin kann sich dann schon einige Tage vorher intensiver um Ihr Kind kümmern und Kontakt zu ihm aufbauen.

Was tun, wenn das Kind krank ist?

Vorgestern hatte Emil Durchfall, aber gestern war er wieder quietschfidel. Als ich ihn heute bringen wollte, sagte mir die Leiterin, dass die Krippe festgelegt habe, bei Durchfall die Kinder erst nach drei Tagen wieder anzunehmen – oder ein Attest vom Arzt zu verlangen, dass das Kind nicht ansteckend ist. Dürfen die Krippen das so einfach festlegen? Und gehen solche Krankheiten nicht sowieso rund?

Krippenkinder sind so häufig krank wie wohl niemals später – und auch deutlich häufiger als ihre zu Hause bleibenden Altersgenossen. Das hat einfach nachzuvollziehende medizinische Ursachen: Während der ersten Lebensjahre muss sich der Körper des Kindes erst mit all den unterschiedlichen Krankheitserregern auseinandersetzen, bevor er dann später schneller mit ihnen fertig wird. Wenn viele Kinder gleichen Alters zusammentreffen, wirbeln natürlich viele dieser Keime und Krankheitserreger herum. Dieser Effekt ist zwar ausgesprochen ärgerlich für viele Eltern: Gerade glaubte man, eine sichere Betreuung für das Kind zu haben, und stellt nun fest, dass es jeden Monat wieder krankheitsbedingt zu Hause bleiben muss. Aber im Vergleich zu Kindern, die nicht zur Krippe gehen, passiert dieses quasi im Schnelldurchlauf, und so haben Krippenkinder die relevanten Keime einfach schneller durch.

Völlig unvernünftig wäre es allerdings, diesen Vorgang auch noch zu unterstützen, indem die Organismen der Kleinen mit allen möglichen Viren und Keimen belastet würden: Weder für ihre Entwicklung noch für die Lebensführung der Eltern wäre es vertretbar, wenn man diese Häufigkeit an Erkrankungen noch durch unbedachten Umgang steigern würde. Es ist also prinzipiell sinnvoll, wenn in Ihrer Krippe wie im geschilderten Fall besondere Vorsichtsmaßnahmen etwa bei Darmbakterien gelten. Ohnehin ist festgelegt, dass beim Auftreten besonders ansteckender Krankheiten die Krippe nicht nur nicht besucht werden darf, sondern auch informiert werden muss, damit sie andere Eltern per Aushang warnen kann.

Die Entscheidung, ob Ihr Kind die Einrichtung besuchen kann oder etwa früher abgeholt werden sollte, weil es während des Tages schwächelt, liegt also zu Recht bei der Krippe. Und Sie sollten sie darin unterstützen, auch um selbst vom entsprechenden Verhalten anderer Eltern erkrankter Kinder zu profitieren. Sprechen Sie deshalb immer bei der Übergabe des Kindes am Morgen die Erzieherin an, wenn es schon in der Nacht Anzeichen einer Krankheit gezeigt hat. Viele Erzieherinnen sind selber Mütter und können den Konflikt verstehen, in dem Eltern sich befinden, deren Kind anfängt zu kränkeln und die nicht wissen, was sie tun sollen, da im Büro eine wichtige Arbeit wartet. Die Krippe wird Ihnen genau sagen, wie weit sie Sie unterstützen kann und ab wann Sie unbedingt mit dem Kind zum Arzt gehen müssen.

Ein Rat zuletzt: Nehmen Sie Regeln, wonach Ihr Kind nach einer Erkrankung noch einige Tage zur Sicherheit daheim bleiben soll, auch im eigenen Interesse ernst. Gerade in den Tagen nach einer durchlebten Erkrankung ist Ihr Kind besonders anfällig für eine erneute Ansteckung. Bleiben Sie daheim – und genießen Sie die Zeit mit ihrem gesund werdenden Kind!

TIPP:

- *Krankheiten des Kindes in der Krippe gewissenhaft melden.*
- *Kinder nicht sofort nach Genesung wiederbringen, weil sie dann oft in erhöhtem Maße einer Neuerkrankung ausgesetzt sind.*

Zusammengefasst

1. Krippenkinder sind am häufigsten krank. Ihr Körper muss sich erst mit den unterschiedlichen Krankheitserregern auseinandersetzen. Kinder, die in die Krippe gehen, haben die relevanten Keime aber auch schneller durch.

2. Die Entscheidung, ob Ihr kränkelndes Kind die Einrichtung besuchen darf oder früher abgeholt werden sollte, liegt bei der Krippe. Durch unbedachten Umgang häufen sich sonst die Erkrankungen.

3. Sprechen Sie bei der Übergabe des Kindes am Morgen die Erzieherin an, wenn es schon in der Nacht Anzeichen einer Krankheit gezeigt hat.

4. Nehmen Sie Regeln, wonach Ihr Kind nach einer Erkrankung noch einige Tage zur Sicherheit daheim bleiben soll, ernst.

„Da freut man sich auf das Abholen – und dann so was ...“

„Heute hole ich dich ganz früh, und dann machen wir was zusammen!“, sage ich manchmal zu Tim. Und was machen wir dann? Ich drängele, und Tim quengelt.

Das eigene Kind fällt mir glücklich vor Wiedersehensfreude in die Arme – so mag man sich als Elternteil das Abholen wünschen. Meistens erleben Eltern aber ganz andere Situationen: Das eigene Kind nimmt kaum Notiz von einem, möchte lieber noch endlos weiterspielen. Und manches Kind wird sogar richtig zickig.

Wie kommt das? Eine ganz einfache Erklärung liegt im nicht vorhandenen Zeitgefühl des Kindes, das sich sicherlich ein paar Mal am Tag gewünscht hat, jetzt abgeholt zu werden – aber bestimmt nicht ausgerechnet jetzt, zur verabredeten Zeit. Meist kommt das Erscheinen der Eltern unverhofft, aus Sicht des Kindes mitten in einer konzentrierten Tätigkeit. Und das Erscheinen der wichtigsten Bindungsperson bedeutet nun einmal, denken wir an die Bringesituation, dass das Kind „umschalten“ muss – gar nicht so einfach. Man kann das gut nachvollziehen, wenn man sich vorstellt, das eigene Kind tauche plötzlich auf dem eigenen Arbeitsplatz, vielleicht mitten in einer Besprechung auf: Ein Rollenwechsel ist angesagt, und das braucht manchmal Zeit, die das Kind bei „Ganz kurz noch spielen!“ gewinnt.

Unter anderen Kindern will man eher groß sein, während man in der Familie klein sein kann, sich fallenlassen kann. Dieser Effekt könnte die Ursache für das Quengeln beim Abholen sein. Ob der Krippentag für das Kind besonders toll oder eher unangenehm war, spielt vermutlich kaum eine Rolle, denn in beiden Fällen ist beim Kind nach all den Aktivitäten ein bisschen die Luft raus, und dieser energiearme Zustand führt eben schnell zur Quengelei.

Was tun? Einmal hilft wohl, wirklich großzügig Zeit zum Abholen einzuplanen. Wenn Sie sich von vornherein darauf einstellen, dass Ihr Kind von Ihrem

Eintreffen bis zum Verlassenkönnen der Krippe eine Dreiviertelstunde braucht, brauchen Sie sich nicht über seine Langsamkeit zu ärgern. In vielen Krippen ist es erwünscht, dass Eltern Zeit beim Abholen haben, auch um während des Wartens auf ihr Kind die Tagesdokumentation betrachten oder kurze Gespräche mit den Erzieherinnen führen zu können. Wenn in Ihrer Krippe ein zügiges Gehen erwartet wird, sollten Sie vorschlagen, diese Regelung zu überdenken. Hilfreich sind außerdem wie fast immer mit kleinen Kindern tägliche Rituale: Ein Apfel oder das tägliche Eis vieler Kinder nach dem Abholen, so zuckersüchtig das auch erscheinen mag, ist so ein Ritual, das den Kindern hilft, auch nach dem Abholen eine Struktur im Ablauf zu erkennen.

GUTE ABHOLRITUALE:

- Hallo sagen – und warten: Statt das Kind sofort nach der Begrüßung zum Mitgehen zu motivieren, klappt es oft besser, sich kurz bemerkbar zu machen und dann wieder zurückzuziehen, um dem Kind Zeit zu geben, sein Spiel in Ruhe abzuschließen.
- Etwas mitbringen: Viele Kinder fordern von selbst ein, dass Eltern eine Saftflasche, den Roller oder gar ein Lieblingskleid zum Abholen mitbringen. Ein persönliches Ding, das es in der Einrichtung tagsüber nicht gab: Genau das ist gut, um jetzt wieder auf „Familienkind“ umzuschalten.
- Auch mal ein Eis oder einen Lolly kaufen: Gute Süßigkeiten gab es in der Krippe nicht – das ist ihre Stärke. Und nach all der Gemeinsamkeit in der Krippe tut es gut, jetzt ganz für sich die Lieblingseissorten bestimmen zu dürfen.
- Quality Time: Eine bestimmte Zeit nach dem Abholen, vielleicht ein oder zwei Stunden, sollte fest für Ihr Kind reserviert sein. Telefonate und Gespräche mit anderen Erwachsenen oder Einkäufe sollten Sie jetzt, wo Sie ganz für Ihr Kind da sind, auf das Nötigste beschränken.

Zusammengefasst

1. Kinder haben kein Zeitgefühl. Sicher haben sie sich mehrmals am Tag gewünscht, abgeholt zu werden. Aber im aktuellen Moment sind sie dennoch überrumpelt.

2. In der Krippe will das Kind eher groß sein, in der Familie kann es klein sein und sich fallenlassen. Der Rollenwechsel ist nicht so einfach und braucht Zeit.

3. Planen Sie großzügig Zeit zum Abholen ein. Während Sie auf Ihr Kind warten, können Sie die Tagesdokumentation betrachten oder Gespräche führen.

„Mein Kind erzählt nichts!“

„Gut.“ So ungefähr lautet die tägliche Antwort, wenn ich Paul frage, wie sein Tag in der Krippe heute war. Mehr erfahre ich von ihm nicht, auch wenn er inzwischen schon viel sagen kann. An das Essen, das Angebot vom Vormittag und die Lieder im Morgenkreis scheint er sich nicht zu erinnern – oder er will nicht darüber reden. Nicht, dass mich das beunruhigt, aber ich würde gerne seine Erlebnisse ein wenig teilen!

Wie war dein Tag, Schatz?, fragen Ehefrauen in Filmen ihren von anstrengender Arbeit heimgekehrten Mann rituell. Gar nicht einfach, eine Antwort zu finden, die dieser allgemeinen Frage in jeder Hinsicht gerecht wird. Soll man etwa sagen: „Mal so, mal so“ – oder den spannendsten Moment in einem eher unspektakulären Tagesablauf ausführlich Revue passieren lassen? Was uns schon schwerfällt, überfordert das Sprachvermögen von Kleinkindern deutlich, ebenso wie ihre Fähigkeit, sich zurückliegende längere Zeitabschnitte ins Gedächtnis zu rufen. Tatsächlich ist es völlig normal, dass kleine Kinder gut über das reden können, was sie seit fünf Minuten bewegt, aber kaum über das, was vorher war – geschweige denn über Ereignisse, die sich vor der Zäsur des Mittagsschlafs abgespielt haben!

Besser gelingt Kleinkindern der Rückblick, wenn wir ihnen Erinnerungshilfen geben: „Ich lese gerade auf dem Tagesrückblick, dass ihr auf dem Piratenspielplatz wart – bist du wieder gewippt?“ Noch besser funktioniert die Erinnerung, wenn die Kinder optische Zeugnisse vom Tag betrachten können, etwa ein aktuelles Foto vom Tag oder ein von ihm gesammelter Gegenstand im Fach: „Oh, eine schöne Kastanie! Wo hast du die denn gefunden?“, „Auf dem Foto sitzt du ja im Wagen – wo seid ihr hingefahren?“ Bilder oder Souvenirs, die man betrachten kann, helfen auch dabei, die altersgemäßen Schwierigkeiten beim Bau von erklärenden Sätzen zu überwinden. Ein wenig können wir das nachfühlen, wenn wir im fremdsprachigen Ausland dem Kellner im Restaurant erzählen wollen, was wir am Tag erlebt haben und dafür Dinge brauchen, auf die wir zeigen können: da, die Muschel! Gefunden!

Vielleicht gehören in Ihrer Krippe solche Bilder – als Ausdruck oder auf digitalen Bilderrahmen – oder Gegenstände, die an Aktionen erinnern, zur täglichen Dokumentation dazu. Wenn es das nicht gibt, sondern vielleicht nur Texte mit pädagogischen Erklärungen, die Sie höchstens überfliegen wollen, wäre das ein guter Vorschlag, den Sie Ihrer Erzieherin machen könnten. Erzieher wissen in aller Regel, dass eine Dokumentation der pädagogischen Arbeit wichtig ist, erfahren aber gerne von Eltern, in welcher Form sie diese besonders gerne nutzen würden.

TIPP:

- *Um mehr Fotodokumentationen bitten, die Anschaffung eines digitalen Bilderrahmens vorschlagen.*
- *Wenn es bei Ihnen erlaubt ist: Beim Abholen einen Streifzug durch den Gruppenraum machen und bei „Zeugnissen“ vom Tag das Kind danach befragen.*
- *Zu Hause Bilderbücher, in denen ein Kind zur Krippe geht, anschauen und fragen, ob es bei Ihrem Kind auch so zugeht.*
- *Nicht allzu aufgeregt auf Erzählungen aus dem Krippenalltag reagieren, die Sie beunruhigen. Viele Kinder „verstummen“, wenn sie sich im Zwiespalt zwischen Eltern und Erzieherinnen glauben.*

Zusammengefasst

1. Es ist normal, dass kleine Kinder gut über das reden können, was sie seit fünf Minuten bewegt, aber kaum über das, was vorher war.

2. Erinnerungshilfen wie optische Zeugnisse vom Tag unterstützen das Gespräch.

3. Bilder oder Souvenirs helfen auch dabei, die altersgemäßen Schwierigkeiten beim Bau von erklärenden Sätzen zu überwinden.

Und nach der Krippe zum Englischkurs?

Viele Kinder in unserer Krippengruppe haben nach dem Abholen noch ein Angebot vor – oder zumindest ihre Eltern mit ihnen. Da geht's dann zum Ballett, zum Frühmusikkurs. Ein Kind besucht sogar einen Englischkurs für Minis. Genau das Richtige für den jungen Lerneifer – oder Unfug?

Aus fachlicher Sicht geantwortet: Diese Kurse sind unnötig. Kinder unter drei Jahren brauchen zum Lernen zweierlei: erstens die Möglichkeit, ungezielt spielen zu können und zweitens vertraute Gesichter um sie herum, mit denen sie das gut zusammen tun können. Beides fehlt in fast jedem noch so gut gemeinten, noch so spielerischen Kurs. Im Musikkurs darf man zwar gewiss spielerischen Umgang mit den Instrumenten haben, aber noch lange nicht die Flöte als Puppe benutzen – oder lieber malen wollen. Und die anderen Kinder im Kurs sind selten vertraut, wenn man sie nur einmal in der Woche trifft. Ohnehin ist es fragwürdig, ob die frühe Prägung, die sich manche Eltern versprechen, durch einen Kurs erreicht werden kann. Um eine dauerhafte Neigung für Kunst, Musik, Ballett oder ein Fremdsprache auszubilden, sind Kurse für das Erleben der Kinder einfach noch zu nebensächlich. An bewegende Erlebnisse aus dem Kurs können sich die Kleinen später nicht einmal erinnern. Warten Sie besser mit dem Kurs, bis sich in einigen Jahren ein bestimmtes Interesse bei Ihrem Kind herausgebildet hat – vielleicht sogar, weil Sie ihm Ihre Passion vorgelebt haben, denn das prägt mehr als jeder noch so engagierte Kursleiter.

Ein kleines „Obwohl …“ sei nachgeschoben. Zweierlei kann für den Besuch eines Kurses in diesem Alter sprechen. Da ist zum einen die gemeinsame Beschäftigung von Elternteil und Kind, wenn Mütter und Väter beim Kurs dabei sein und aktiv werden können. Es tut Kind und Mutter oder Vater gut, etwas Anregendes gemeinsam zu erleben, und dem Kind tut es besonders gut, wenn das Elternteil einmal ganz für es da ist. Manchen Eltern gelingt es im Rahmen eines Kurses einfach besser, sich auf solche Weise auf ihr Kind zu

konzentrieren, als wenn sie daheim selbst das Programm gestalten müssen. Zweitens können Kurse Wert für die Kinder haben, wenn sie dort Erfahrungen machen können, die in der Krippe zu kurz kommen. Ein paar Beispiele: In einem Kurs in der Töpfer- oder Malwerkstatt können die Kleinen mit Farbe oder Ton in einer Weise hantieren, die in der Krippe zu kurz kommt, obwohl es für die Kleinen wichtig ist, Materialien intensiv untersuchen zu können. Beim Kleinkind-Schwimmkurs können sie Erfahrungen mit Wasser machen, die erst recht keine Krippe bieten kann.

Insgesamt aber gilt: Wer sein kleines Kind „fördern" will, muss an der Art und Weise ansetzen, wie es von sich aus lernt: im Spiel, mit anderen zusammen, in alltäglichen Situationen. Kein Kursleiter kann ersetzen, was Sie Ihrem Kind mitgeben können, wenn Sie mit ihm, und vielleicht noch anderen Kindern, die es kennt, auf dem Spielplatz oder im Kinderzimmer gemeinsam im Spiel versinken.

TIPP:

- *Mit den Erziehern sprechen, welche Aktivität Ihr Kind gerade besonders gerne mag – und entsprechend nur dafür einen Kurs aussuchen. Aber Vorsicht: Manchmal ist es zu viel des Guten, wenn Lieblingsaktivitäten zu oft ausgeführt werden – oder wenn der Nachmittagskurs so beschaffen ist, dass er dem Kind die geliebte Aktivität verleidet.*
- *Ihr Kind nur gemeinsam mit mehreren vertrauten Kindern aus der Gruppe oder dem privaten Umfeld bei Kursen anmelden.*
- *Auf dem Elternabend anregen, dass der Kurs in der Gruppe für alle Kinder stattfindet.*
- *Eltern-Kind-Angebote nutzen, bei denen Sie zusammen mit Ihrem Kind aktiv werden können.*

Zusammengefasst

1. Meistens sind Kurse unnötig. Denn Kinder unter drei Jahren müssen zum Lernen ungezielt spielen können. Und sie brauchen vertraute Gesichter.

2. Positiv sind Kurse womöglich, wenn sie mit einem Elternteil besucht werden und gemeinsam Anregendes erlebt wird.

3. Auch für Erfahrungen, die in der Krippe zu kurz kommen, sind Kurse geeignet. Etwa die Erfahrung mit Wasser in einem Schwimmkurs.

4. Trotzdem kann kein Kurs ersetzen, was Sie Ihrem Kind mitgeben, wenn Sie mit ihm und vielleicht noch anderen Kindern gemeinsam im Spiel versinken.

Sicherheit im Krippenalltag

Also, wenn ich manchmal höre oder auf den Fotos sehe, was die Kleinen tagsüber so machen, bin ich beeindruckt, was sie schon alles können. Die klettern zum Beispiel die Sprossenwand ganz hoch, balancieren auf dem Mäuerchen … Aber übertreiben sie es nicht manchmal?

Zu Hause Sicherheit genießen, in der Krippe Eroberungen machen: Was für das Lebensgefühl von Krippenkindern passt, trifft oft auch auf die Möglichkeiten zu, Bewegungserfahrungen zu machen. Oft steht bei Eltern, die ihr Kind vor Tränen und Schmerz bewahren möchte, eher die Sicherheit im Vordergrund, während Erzieherinnen eher die Potenziale im Blick haben und Kinder mehr herausfordern. Vor allem aber stacheln sich Kinder in der Gruppe – auch schon die ganz Kleinen – gegenseitig an, die eigenen Fähigkeiten zu erproben und dabei auch Risiken einzugehen.

Ein wesentlicher Unterschied zwischen daheim und Krippe sollte Sie, falls Sie die Tobemöglichkeiten dort mit gemischten Gefühlen betrachten, beruhigen: Im Gegensatz zur Wohnung werden Krippenräume regelmäßig auf Unfallgefahren überprüft, sodass es dort deutlich weniger Gefahrenquellen gibt. In Sicherheitsrundgängen müssen Krippen nachweisen, dass Regale kippsicher sind, unter Sprossenwänden ausreichender Fallschutz ausliegt oder dass kleinteilige Materialien keine Verschluckgefahr darstellen. Teilweise ist es für Krippenteams ganz schön anstrengend, bei jedem Möbelstück über den Sicherheitsaspekt nachzudenken. Aber gute Krippen und Kitas wissen: Je sicherer der Raum, je ungefährlicher die bereitgehaltenen Materialien, umso mehr dürfen die Kinder selbstständig damit umgehen.

Davon profitieren Sie: Alle Erfahrungen, die Ihr Kind mit begrenzten Risiken in der Krippe unter erhöhten Sicherheitsvorschriften machen kann, sorgen dafür, dass es sich auch außerhalb der Krippe immer gefahrloser betätigt. Wer an der abgesicherten Sprossenwand gut klettern gelernt hat, fällt daheim nicht so leicht vom wackeligen Stuhl.

Eher ängstliche Mütter oder Väter können sich vielleicht bei der erfahrenen Erzieherin abschauen, wie man das Kind unterstützt, ohne es durch die eigene Ängstlichkeit über Gebühr zu bremsen. Wenn sie ihr Kind beim Klettern und Spielen in der Krippe beobachten, sind Eltern oft überrascht, dass es Dinge tun kann, die sie ihm noch gar nicht zugetraut haben.

Einen Grundsatz können Sie sich von den Pädagogen abschauen: Gehen Sie einfach davon aus, dass Sie Ihr Kind sowieso kaum durch Verbote abbringen können, sich in reizvolle, aber gefährliche Situationen zu begeben. Damit Ihr „Nein" in sehr gefährlichen Situationen Wirkung hat, sollten Sie alle Gefahren, die Ihr Kind mit etwas Übung bewältigen kann, mit ihm trainieren. Machen Sie ihm mehrmals vor, wie man rückwärts ganz sicher aus dem Bettchen steigen kann oder sich am Treppengeländer festhalten muss. Ihr Kind ist gut darin, Ihr Vorbild zu kopieren!

TIPP:

- *Sich bei einer Raumbegehung zeigen lassen, auf welche Weise die Krippe unfallverhütende Maßnahmen ergriffen hat.*
- *Ihr Kind unterstützen, wenn es „gefährliche" Dinge tun will – und dabeistehen, damit es sich bei diesen wertvollen Erfahrungen nicht wehtut.*

Zusammengefasst

1. Eltern haben oft eher die Sicherheit im Blick, während Erzieherinnen mehr auf die Potenziale der Kinder achten und sie herausfordern.

2. Es gilt: Zu Hause Sicherheit genießen, in der Krippe Eroberungen machen. Krippenräume werden regelmäßig auf Unfallgefahren überprüft, es gibt dort deutlich weniger Gefahrenquellen.

3. Erfahrungen, die Ihr Kind in der Krippe unter erhöhten Sicherheitsvorschriften machen kann, sorgen dafür, dass es sich auch außerhalb der Krippe immer gefahrloser betätigt.

4. Damit Ihr „Nein“ in sehr gefährlichen Situationen Wirkung hat, sollten Sie alle Gefahren, die Ihr Kind mit etwas Übung bewältigen kann, mit ihm trainieren.

Hygiene – nicht zu viel, nicht zu wenig

Manche denken wahrscheinlich, ich hätte einen Hygienefimmel, nur weil es mich sorgt, wenn Kinder stundenlang mit Rotznase herumlaufen müssen. In puncto Sauberkeit empfinde ich unsere Krippe als etwas nachlässig. Andere Eltern sehen die Sache genau andersherum.

Hygiene spielte in der Betreuung kleiner Kinder – ob nun in Einrichtungen oder zu Hause – traditionell eine große Rolle. Großmütter erzählen bisweilen, dass ihnen empfohlen wurde, ihr Kleinstkind mit Mundschutz zu wickeln, falls sie gerade Schnupfen hatten. Und noch in den 1980er Jahren trugen Krippenerzieherinnen mancherorts Kittel, wie sie das Pflegepersonal in Krankenhäusern tragen. Wir können die Kittel als Ausdruck einer anderen Auffassung des Berufs sehen: Der Umgang mit kleinen Kindern wurde eher medizinisch hergeleitet, die Pädagogik den hygienischen Faktoren untergeordnet.

Auch heute noch werden Krippen sehr aufmerksam von den Gesundheitsämtern kontrolliert. Kein Wunder, dass es bis heute manch einer Krippe schwer fällt, die richtige Balance zwischen Pädagogik und Hygiene zu finden. Manchen Krippen sieht man an, dass allzu viele Dinge nicht möglich sind, weil dahinter Hygieneprobleme vermutet werden und die Hemmschwelle daher groß ist.

Zum Glück muss heute längst nicht mehr alles mit Desinfektionsmittel ausgewischt werden, nur weil kleine Kinder in den Räumen gespielt haben. Aber Infektionsschutz und Desinfektion spielen immer noch eine Rolle. In guten Krippen werden Sie Hygienepläne finden, auf denen Sie nachlesen können, mit welchen Reinigungs- und Desinfektionsmitteln gereinigt wird. Sehen Sie sich diese Pläne ruhig genauer an, dann wissen Sie zum einen, womit Ihr Kind in Berührung kommt und zum anderen, welche Maßnahmen Sie ergreifen müssen, wenn Sie zum Beispiel die Wickelbox in der Krippe benutzt haben.

Sehr selten wird eine Einrichtung aufgrund einer Infektionskrankheit vorübergehend geschlossen. Meist besucht das Gesundheitsamt die Einrichtung, in der eine Infektionskrankheit aufgetreten ist, und berät mit der Leitung und den Mitarbeitern, welche Infektionsschutzmaßnahmen durchzuführen sind. Dabei handelt es sich häufig um eine besonders intensive Reinigung von Böden, Spielmaterial und Möbeln, um die Anwendung von Desinfektionsmitteln oder verstärkte Lüftungsroutinen. Sollte so ein Fall eintreten, wird die Leitung die Eltern darüber informieren oder um Mithilfe bitten.

TIPP:

- Lassen Sie sich erklären, welche Hygieneregeln beim Benutzen der Wickelbox zu beachten sind.
- Bei Durchsicht der Reinigungspläne der Krippe (die in der Regel mit örtlichen Gesundheitsämtern abgestimmt sind!), erfahren Sie, wie Hygienefragen in Ihrer Krippe behandelt werden.

Zusammengefasst

1. Krippen werden sehr aufmerksam von den Gesundheitsämtern kontrolliert, Infektionsschutz und Desinfektion spielen eine große Rolle.

2. In guten Krippen finden Sie Hygienepläne, auf denen Sie nachlesen können, mit welchen Reinigungs- und Desinfektionsmitteln gereinigt wird. So wissen Sie, mit welchen Stoffen Ihr Kind in Berührung kommt.

3. Tritt eine Infektionskrankheit auf, besucht meist das Gesundheitsamt die Einrichtung und berät mit der Leitung und den Mitarbeitern, welche Infektionsschutzmaßnahmen durchzuführen sind.

Gute Zusammenarbeit: Eltern und Erzieherinnen als Team

Sichtweisen verbinden

Konzepte wie „Erziehungspartnerschaft" oder „Zusammenarbeit zwischen Krippe und Elternhaus" finden sich in jedem Krippen- oder Kitaflyer. Doch wie in vielen Bereichen der Kinderbetreuung findet das gemeinsame Tun von Eltern und Erzieherinnen in ganz verschiedenen Ausprägungen statt. Natürlich erziehen oder betreuen Sie wie auch die Krippe Ihr Kind, aber doch in deutlich getrennten Zeiten, und nur kurz treffen Sie und die Erzieherinnen aufeinander. So sind bestimmte Formen und Rituale der Zusammenarbeit vonnöten.

In diesem Kapitel möchten wir vorstellen, auf welche Weise Eltern und Krippe erfolgreich zusammenarbeiten können und was überhaupt das Ziel dieser Zusammenarbeit ist. Ebenso möchten wir zeigen, wo unserer Auffassung nach die Grenzen dieser Zusammenarbeit liegen. Wir möchten dafür werben, die Zusammenarbeit zwischen Ihnen und der Krippe nicht als Pflicht, sondern als Chance für Sie, Ihr Kind wie auch die Einrichtung zu begreifen.

Der folgende Überblick stellt Ihnen vor, in welchem Rahmen die Kooperation zwischen Krippeneltern, Krippenleitung und den einzelnen Erzieherinnen stattfindet und wie sie gesetzlich geregelt ist. Am Ende dieses fünften und letzten Buchteils kommen wieder die Eltern zu Wort, denen dieser Bereich des Krippenalltags naturgemäß besonders am Herzen liegt und deren wichtigste Fragen wir beantworten werden.

Elternversammlungen

Pädagogische Einrichtungen sind meistens gesetzlich verpflichtet, in einem bestimmten Turnus Elternversammlungen (meist als Elternabend) stattfinden zu lassen. Wesentliche Funktion der Abende sind Informationen für die Eltern über die pädagogische Arbeit, die Wahl der Elternvertretung sowie ein Feedback der Eltern an die Erzieher.

Elternabende finden entweder in der Bezugsgruppe der Kinder statt, seltener auch als Gesamtversammlung aller Eltern der Einrichtung. In der Regel sind alle betreuenden Erzieher anwesend.

Die meisten Krippen und Kitas setzen die Teilnahme aller Eltern an der Elternversammlung voraus.

Elternvertretung

Ebenfalls eine gesetzliche Verpflichtung jeder pädagogischen Einrichtung ist es, Elternvertreter wählen zu lassen, die dann zwischen Einrichtung und Elternschaft eine Vermittlerposition einnehmen sollen. In der Regel werden mehrere Vertreter (Haupt-Elternvertreter und dessen Stellvertreter) in einer offenen oder auf Wunsch geheimen Wahl gewählt. Aus der Mitte aller Elternvertreter einer Einrichtung werden Vertreter für kommunale Elternvertretungsgremien („Elternausschuss") bestimmt, die ihrerseits Vertreter für Landeselternausschüsse wählen.

Elterngespräche

Früher luden Krippe und Kita meistens nur bei akutem Gesprächsbedarf einzelne Eltern zu einem Treffen ein. Inzwischen gehört es zum Pflichtprogramm der Krippe, mit allen Eltern regelmäßig, das heißt im Halb- oder Ganzjahresturnus, zu sprechen. Inhalt der Gespräche ist dabei die gegenseitige Information über die aktuelle Situation des Kindes. Mancherorts verabreden Krippe und Eltern dort sogar Ziele, wie beide Seiten auf ihre Weise das Kind in seiner Entwicklung fördern können.

Portfolios und andere Formen der Entwicklungsdokumentation

Portfolios, Bildungs- und Lerngeschichten oder andere Formen der Entwicklungsdokumentation sind in den meisten Bundesländern verpflichtend. Sie haben eine Doppelfunktion: Die Erzieherinnen erhalten beim regelmäßigen Erfassen von Entwicklungsschritten in diesem Ordner automatisch ein genaues Bild über Entwicklung und aktuelle Bedürfnisse des Kindes. Die Eltern erhalten Einblick in die Erziehungsarbeit der Krippe, aber auch in den Entwicklungsstand des Kindes. Wenn auch die Eltern aufgefordert werden, eigene Blätter zu diesem Entwicklungstagebuch beizutragen, wie es oft üblich ist, dann dient das Buch auch dazu, den Erziehern Einblick in Ihre Erziehungsarbeit zu geben. Später einmal kommt eine wichtige Aufgabe des Portfolios dazu: In einigen Jahren erfährt das Kind beim Durchblättern sehr viel über seine ersten Jahre – und seine ganz spezielle Art, sich fortzuentwickeln.

Tür-und-Angel-Gespräche

Mit diesem Ausdruck werden all die Gespräche bezeichnet, die Eltern mit Erziehern beim Bringen und Abholen führen. Sie sind wichtig, um kurze Informationen auszutauschen: Organisatorisches natürlich, aber auch, wie es dem Kind aktuell geht. Für komplizierte Themen sollten Eltern und Erzieherinnen sich immer zu einem außerplanmäßigen Elterngespräch verabreden.

Feste, Elterncafés und andere Veranstaltungen für Eltern

Wenn sie die Familien zum Sommerfest, zum Elterncafé oder zum Bastelnachmittag einladen, verbinden Krippen damit vielfältige Ziele. In diesem – im Vergleich zu Elternabenden und Gesprächen deutlich lockeren – Rahmen können Eltern einen guten Eindruck von der Arbeit der Krippe bekommen. Feste und nette Abende bringen Sie mit anderen Eltern zusammen, was besonders gut gelingt, wenn Sie als Eltern aufgefordert sind, sich aktiv in die Gestaltung der Veranstaltung einzubringen.

Für Ihr Kind stellt ein Sommerfest oder die Weihnachtsfeier eine seltene, oft heißersehnte Situation dar: Alle seine Freunde, die Erzieherinnen und Erzieher und die geliebten Eltern sind vereint. Tun Sie ihm den Gefallen und betrachten auch Sie das Fest als eine besondere Angelegenheit.

Zusammengefasst

1. Bestimmte Formen und Rituale der Zusammenarbeit sind nötig, da sowohl Sie als auch die Krippenmitarbeiter Ihr Kind erziehen. Betrachten Sie den Austausch nicht als Pflicht, sondern als Chance.

2. Elternversammlungen informieren über die pädagogische Arbeit und lassen Ihnen die Möglichkeit, Feedback zu geben.

3. Pflichtprogramm jeder Krippe sind individuelle Elterngespräche im Halb- oder Ganzjahresturnus.

4. In den meisten Bundesländern sind Entwicklungsdokumentationen verpflichtend.

5. Nehmen Sie Feste und Veranstaltungen in der Krippe ernst. Für Ihr Kind stellt das eine heiß ersehnte Situation dar, weil beide Welten vereint sind.

Elterngespräche und Fragebögen

Vor unserem letzten Elterngespräch sollten wir einen ausführlichen Fragebogen ausfüllen, wie es unserem Kind geht, was es auszeichnet und wie unsere Lebenssituation aussieht. Auch wenn bei uns gerade alles rund läuft, ist mir das ein bisschen zu viel. Warum muss die Krippe denn so etwas wissen?

Eine Bemerkung vorweg: Kaum jemand wird je wieder einen so guten Einblick in Ihr Familienleben haben wie die Erzieherin Ihres Kindes. Das liegt nicht unbedingt an Fragebögen zur Entwicklung des Kindes, wie sie in dieser Frage ein bisschen skeptisch betrachtet werden. Können kleine Kinder erst einmal sprechen, offenbaren sie in Krippe und Kindergarten die ulkigsten und manchmal auch peinlichsten Geschichten aus dem Leben ihrer Familie. Das ist ein sehr verständliches Bedürfnis der Kinder, denn anders als Sie haben sie ja zu beiden Lebensorten eine enge Bindung und möchten natürlich auch Erlebnisse aus der einen in die andere Welt einbringen können. Erzieherinnen sind es entsprechend gewöhnt, mit allerlei Wissen über die Familien der von ihnen betreuten Kinder umzugehen.

In unserer Eingangsfrage geht es um Informationen, die Erzieher gerne von den Eltern haben möchten. Diese Informationen, im Gespräch oder per Fragebogen erfragt, haben natürlich einen sachlicheren Charakter als das, was die Erzieherinnen von den Kindern eher zufällig über deren derzeitige Lebenssituation erfahren. Sie ergänzen das, was die Erzieher schon wissen oder erahnen, rücken es aber auch zurecht. Gehen Sie nicht davon aus, dass Erzieherinnen durch Ihre Informationen etwas grundsätzlich Neues erfahren, sondern eher davon, dass sie dadurch ein ungenaues Bild geraderücken können!

Warum findet man es als Vater oder Mutter manchmal schwierig, zu seinem Kind allzu detailliert Auskunft zu geben? Vielen Eltern fällt es nicht leicht, weil sie befürchten, in ihren Berichten zu Gewohnheiten des Kindes oder dessen Konfliktverhalten eigene Unzulänglichkeiten bei der Erziehung zu offenbaren. („Ist mein Kind bockig, weil ich mich nicht durchsetzen kann? Lasse ich ihn viel zu viel fernsehen?“) Darauf möchten wir antworten: Erfahrene Pädagogen haben vielfältige Erfahrungen damit gesammelt, was Eltern typischerweise nicht immer lehrbuchartig richtig machen, und können gut damit umgehen. Oft können sie auch einen guten Rat geben, wie man sich in mancher Erziehungsfrage behelfen kann.

Vor allem aber eines sollte man beachten, wenn man ein mulmiges Gefühl beim Offenbaren des eigenen Erziehungshandelns hat: Es geht nicht um Sie, sondern um Ihr Kind. Nicht um Ihr Verhalten zu beurteilen möchte die Krippe etwas über Ihr Kind daheim erfahren, sondern weil sie dessen Persönlichkeit in der Krippe möglichst gut gerecht werden will. Damit es Ihrem Kind in der Krippe rundum gut geht, damit es in seinen Bedürfnissen unterstützt und seinen Interessen gefördert werden kann, brauchen die Erzieherinnen Wissen darüber, wie das Kind zu Hause ist. Auch andersherum ist dieses Wissen nützlich, und deswegen sollten auch Sie im Elterngespräch alles daransetzen, zu erfahren, wie sich Ihr Kind in der Krippe verhält und wie es sich dort fühlt.

Das sollten Sie im Elterngespräch die Erzieherinnen wissen lassen:

- Alle Veränderungen in der Familiensituation die Einfluss auf die Aufmerksamkeit haben, die Sie Ihrem Kind schenken können (Schwangerschaft, neuer Job oder längere Arbeitszeiten, Hausbau …)
- Fragen, mit denen sich Ihr Kind intensiv zu beschäftigen scheint
- Spiele und andere Tätigkeiten, die Ihr Kind zurzeit daheim spielt
- Dinge, von denen Ihr Kind aus der Krippe berichtet

Das sollten Ihnen die Erzieherinnen mitteilen:

- Vorlieben Ihres Kindes in der Krippe
- Situationen, in denen Ihr Kind unglücklich/besonders glücklich ist
- Lieblingserzieher

Zusammengefasst

1. Ihr Kind erzählt in der Krippe aus seinem Familienleben. Die Erzieherinnen bekommen zwangsläufig einen guten Einblick.
2. Pädagogen haben Erfahrung damit, was Eltern typischerweise nicht immer lehrbuchartig richtig machen und können gut damit umgehen.
3. Es geht nicht um Sie, sondern um Ihr Kind. Es soll nicht Ihr Verhalten beurteilt werden. Die Krippe möchte etwas über Ihr Kind daheim erfahren, weil sie dessen Persönlichkeit möglichst gut gerecht werden will.

Wozu ist der Elternabend da?

Natürlich gehe ich zu allen Elternabenden – schon, weil mich die Krippenleiterin immer darauf einschwört, unbedingt zu kommen. Aber nicht alle Elternabende rechtfertigen das: viele belanglose Infos, die per Mail besser ankämen, dazwischen ein paar Diskussionen über irgendein Spezialanliegen einiger Väter und Mütter … Ich sehe ein, dass regelmäßige Treffen wichtig sind, aber von manchen Abenden hätte ich mir mehr versprochen.

Wozu Krippen – wie andere pädagogische Einrichtungen auch – Elternversammlungen stattfinden lassen, ist klar definiert. Was genau man mit diesem Abend macht, scheint aber landläufig höchst unterschiedlich zu sein. Grundsätzlich wird als Zweck dieser Form der Zusammenkunft, die übrigens in vielen anderen Ländern völlig unüblich ist, die Weitergabe von Informationen an Eltern benannt, außerdem die Wahl einer Elternvertretung. Ein anderer Aspekt ist jedoch mindestens ebenso wichtig: Für die Pädagogen der Krippe haben Elternabende insofern große Bedeutung, als diese einer der wenigen Momente sind, in denen die Erzieher für durchgeführte und geplante Aktionen ein Feedback bekommen. Dem Krippenteam ist es wichtig, dass Sie auf dem Elternabend erscheinen, damit sie mitbekommen, ob ihre Arbeit positiven Nachhall erzeugt – oder ob die Stimmung unter den Eltern gegenüber der Krippe düster ist.

Der Elternabend soll Ihnen einen Einblick in die Tätigkeit der Erzieher geben – und Sie Hintergründe verstehen lassen. Auf einem guten Elternabend sollten die Pädagogen alles dafür tun, dass Sie verstehen, welche Dinge sie warum mit den Kindern machen. Weil Sie als Eltern ein Anrecht darauf haben, diesen an die Krippe übergebenen Teil der Erziehungspartnerschaft zu verstehen, sollten Sie fordernd auftreten, wenn Ihnen die Berichte der Erzieher als Alibiveranstaltung vorkommen.

Nicht auf einen Elternabend gehören Gespräche über die Entwicklung einzelner Kinder in der Gruppe. Als Eltern haben Sie das Recht darauf, dass der Entwicklungsstand oder das Verhalten Ihres Kindes, und sei es auch noch so besprechenswert, im vertraulichen Rahmen des Elterngesprächs erörtert wird, nicht hier vor allen anderen.

Umgekehrt sollte der Elternabend auch nicht als reine Interessenvertretung der Eltern verstanden werden. Natürlich ist es sinnvoll, einzelne Punkte, die Ihnen als Eltern auf den Nägeln brennen, hier als Tagesordnungspunkt zur Diskussion zu stellen. Fast immer ist es allerdings ungünstig, wenn das spontan geschieht, weil die anwesenden Erzieher oder die Leitung kaum darauf vorbereitet sind und gegenüber einer zahlenmäßig erdrückenden Elternrunde schnell das Gefühl haben, gegen die Wand gedrückt zu werden. Ein weitaus sinnvollerer Weg, Kritikpunkte loszuwerden, ist ein separates Treffen mit Ihrer Elternvertretung. Dadurch, dass kritische Themen erst einmal unter Eltern gesammelt und diskutiert werden, können Sie auch vermeiden, dass auf dem Elternabend Themen einzelner Eltern als generelle Kritik vorgebracht und diskutiert werden, obwohl ein Großteil der Eltern das vielleicht gar nicht so sieht.

TIPP:

- Wird der Elternabend in der bisherigen Form Ihren Bedürfnissen eher nicht gerecht? Dann machen Sie Vorschläge für interessante, lebendige Beiträge, zum Beispiel:
  - Filmvorführungen mit Sequenzen aus dem Alltag der Gruppe – am besten mit Erläuterungen, was wie wozu passiert.
  - Berichte, wie einzelne Tagesphasen gestaltet werden und warum das so gemacht wird.
  - Ablauf besonderer Angebote – auch als praktische Vorführung bzw. als Rollenspiel, bei dem Sie in die Rolle der Kinder schlüpfen können.

Zusammengefasst

1. Dem Krippenteam ist es wichtig, dass Sie auf dem Elternabend erscheinen. So bekommen die Mitarbeiter mit, ob ihre Arbeit positiven oder negativen Nachhall erzeugt.

2. Sie als Eltern haben ein Anrecht darauf, den an die Krippe übergebenen Teil der Erziehungspartnerschaft zu verstehen. Sollten die Elternabende nur Alibiveranstaltungen sein, treten Sie ruhig fordernd auf.

3. Nicht auf einen Elternabend gehören Gespräche über die Entwicklung einzelner Kinder in der Gruppe.

4. Kritikpunkte sollten in einem separaten Treffen mit Ihrer Elternvertretung gesammelt und diskutiert werden. Erst danach ist es sinnvoll, sie an die Krippe heranzutragen.

„Hilfe, ich bin Elternvertreter! Was tun?“

„Ehe sich niemand anderes findet, mach ich es…“ Beim letzten Elternabend bin ich Elternvertreter geworden. Ganz klar ist mir der Job offen gestanden noch nicht: Soll ich bei der Elternschaft abfragen, ob es was zu meckern gibt? Bin ich dazu da, das Sommerfest zu organisieren? Oder bin ich das Sprachrohr der Erzieher?

Elternvertreter werden in jeder Kindereinrichtung nach einem festgelegten Verfahren gewählt. Nur selten ist klar vorherbestimmt, welche Tätigkeiten mit dieser Aufgabe verbunden sind. So kommt es nicht selten zu Enttäuschungen und Konflikten, bei denen Eltern ihren Vertreter für untätig halten – oder Einrichtungen sich von angeblichem Übereifer angegriffen fühlen. Ein paar Grundsätze erfolgreicher Elternvertreter-Tätigkeit seien hier aufgeführt:

Treffen Sie sich mit dem Krippenteam

Egal ob als regelmäßiges Gespräch mit der Leitung, als extra einberufene „Krippenausschuss-Sitzung“ oder als Kurzbesuch bei der Teamsitzung der Krippe: Als Elternvertreter müssen Sie Zeit einplanen, um mit dem Krippenteam im Austausch zu stehen. Es ist gut, sich regelmäßig zu treffen, um sich über Anliegen der Eltern wie die der Erzieher auszutauschen, statt nur bei besonderen Vorkommnissen ein Gespräch zu suchen. Sinnvoll ist auch ein Treffen mit der Leitung vor dem Elternabend, um gemeinsam die Tagesordnung abzusprechen und eventuell anstehende heikle Fragen vorab anzusprechen.

Holen Sie die Meinungen möglichst vieler Eltern ein

Schnell geraten Elternvertreter in die Lage, Interessen einzelner Eltern zu vertreten, die nicht selten zu denen anderer Eltern im Widerspruch stehen. Sorgen Sie dafür, dass alle Punkte, die Ihnen angetragen werden, innerhalb der Elternschaft diskutiert werden, indem Sie entweder ein Treffen der Eltern einberufen oder Themen per E   Mail zur Diskussion stellen.

Achten Sie besonders bei Anliegen, die Ihnen persönlich wichtig sind, auf das Einholen der Meinung der Elternmehrheit!

Achten Sie auf Vertraulichkeit

Sowohl Entscheidungen, die vom Erzieherteam an Sie herangetragen werden, als auch Wünsche und Kritikpunkte der Eltern sollten Sie vertraulich behandeln. So kann es vorkommen, dass das Krippenteam Ihnen Hintergründe einer Personalentscheidung mitteilt, die die Gesamtheit der Eltern nicht zu wissen braucht – oder Eltern schildern Ihnen einen Verdacht, ein Erzieher habe einen groben Fehler begangen, der sich später als Irrtum herausstellt. Achten Sie darauf, vertrauliches Wissen für sich zu behalten.

Nicht alles müssen Sie allein erledigen!

Elternvertreter sein kann schnell in Arbeit ausarten. Vor allem, wenn das Krippenteam oder die Elternschaft Ihnen Aufgaben aufhalsen, die auch andere übernehmen könnten: Weder müssen Elternvertreter Feste alleine organisieren noch Gruppenkassen führen (und dafür am Ende auch noch haften) oder dafür sorgen, dass die elterninterne Adressliste stimmt. Suchen Sie sich Mitstreiter und achten Sie darauf, dass Ihnen genug Zeit für Ihre Hauptaufgabe, Mittler zwischen Team und Elternschaft zu sein, bleibt!

Zusammengefasst

1. Treffen Sie sich regelmäßig zum Austausch mit dem Krippenteam, nicht erst, wenn es Probleme gibt.

2. Sorgen Sie dafür, dass alle Punkte, die Ihnen angetragen werden, innerhalb der Elternschaft diskutiert werden.

3. Achten Sie darauf, vertrauliches Wissen für sich zu behalten.

4. Elternvertreter müssen weder Feste alleine organisieren noch Gruppenkassen führen. Suchen Sie sich Mitstreiter.

Kritik an der Krippe

Leon scheint es in der Krippe nicht mit allem, was die Erzieherinnen machen, gut zu gehen. Zum Beispiel scheint es bei der Gestaltung des Mittagessens und dem anschließenden Schlaf ziemlich oft Theater zu geben. Nicht ohne Grund, finde ich: Da gelten schon ziemlich rigide Normen, wie man sich beim Essen verhalten soll! Muss ich das so hinnehmen, weil es der Spielraum der Erzieherinnen ist – oder darf ich an bestimmten Punkten durchaus fordern, dass Vorgehensweisen verändert werden?

Krippe und Zuhause unterscheiden sich in vielerlei Hinsicht. Zu Hause werden Kinder von den engsten Bindungspersonen betreut, in der Krippe sind es wechselnde Erwachsene, die für eine Menge Kinder zuständig sind. Weil so viele Menschen in der Krippe zusammentreffen, muss es mehr Regeln und Verhaltensnormen geben als zu Hause, wo ein einziges Kind mit ein oder zwei Eltern alles aushandeln kann. Das bringt natürlich mit sich, dass in der Krippe manche Dinge ganz anders gehandhabt werden, als Eltern das daheim mit ihrem Kind machen: In einer Gruppe mittagsschlafender Kinder ist es störend, wenn einer lautstark zu toben anfängt, während das alleine im Kinderzimmer völlig egal ist.

Trotzdem haben Krippen die Aufgabe, jedem einzelnen Kind so viel Freiraum wie möglich zuzugestehen, und das Argument, dass in der Gruppe nicht jeder machen kann, was er möchte, widerspricht dem Ziel, individuellen Bedürfnissen gerecht werden zu wollen. Als Eltern sollten Sie mindestens kritisch nachfragen, wenn Sie den Eindruck haben, Ihr Kind müsse schlafen, obwohl es nicht müde ist, oder müsse essen, obwohl es satt ist oder die Speisen nicht mag.

Was steht eigentlich im Konzept der Krippe zu diesem Punkt? Diese Frage ist bei jeder grundlegenden Kritik zu Vorgehensweisen der Erzieher wichtig. Es macht einen großen Unterschied, ob die Art und Weise, wie die Erzieherin Essen, Schlafen oder Spiel regelt, den Worten in der Konzeption widerspricht – oder ob dort genau dieses beschrieben wird. Widerspricht die Sache dem Konzept, haben Sie quasi ein Recht darauf, dass das Ihnen im Konzept Versprochene umgesetzt wird. Wenn das Konzept die von Ihnen kritisch gesehenen Punkte enthält, sollte das eher ein Anlass sein, die Meinung der anderen Eltern dazu einzuholen. Wenn Ihre Miteltern Ihre Ansicht teilen, ist es angebracht, an die Erzieher mit der Bitte heranzutreten, ob das Konzept nicht weiterentwickelt werden sollte – entweder mit Ihrer Unterstützung oder in der Regie der Erzieherinnen.

Manche Dinge fühlen sich von außen gesehen schlimmer an als sie wirklich sind. Wenn Sie die Essens- oder Mittagsschlafsituation zu rigide finden, das Vorgehen beim Wickeln oder die Begleitung des Spiels für unangemessen halten, bitten Sie die Leiterin darum, einmal hospitieren zu können. Dann erleben Sie live, wie sich die Kinder durch den Tagesablauf bewegen: fröhlich oder konfliktreich, begeistert oder gedrückt – das wird Ihnen in Ihrer Entscheidung, was zu unternehmen ist, weiterhelfen.

TIPP:

- Um Hospitationsmöglichkeiten bitten.
- Sich das Konzept der Krippe detailliert erläutern lassen.
- Mit den anderen Eltern sprechen, um herauszufinden, wie diese das Problem sehen.

Zusammengefasst

1. In der Krippe werden manche Dinge ganz anders gehandhabt als zu Hause. Wo mehr Kinder zusammentreffen, muss es auch mehr Regeln und Verhaltensnormen geben.

2. Bevor Sie Kritik zu Vorgehensweisen der Erzieher äußern, schauen Sie nach, was das Konzept zu den Punkten enthält.

3. Sollten die anderen Eltern ähnlicher Meinung sein wie Sie, schlagen Sie der Krippe vor, das Konzept weiterzuentwickeln.

Konflikte besprechen

Birgit ist wirklich eine supernette Erzieherin für die Kleinen – aber manchmal macht sie Sachen, da sträuben sich mir die Haare. Zum Beispiel, wenn sich die Kinder streiten: Da nimmt sie schon mal den „Schuldigen" heraus, setzt ihn so lange in den leeren Nebenraum und schließt dessen Tür, bis er „sein Mütchen gekühlt hat". Abgesehen davon, dass ich nicht glaube, dass bei Kleinkindern immer einer schuld ist, finde ich das auch von der Aufsichtspflicht her ziemlich merkwürdig. Ich bin beunruhigt, vor allem weil ich nicht weiß, wie ich sie darauf ansprechen soll, ohne ihr Verhältnis zu mir und meinem Sohn zu belasten.

Ein Wort vorweg: In jeder Uneinigkeit über die geeignete Form der Erziehung offenbart sich eine wichtige Seite des Begriffs „Erziehungspartnerschaft". Mag man zunächst beim Wort „Partnerschaft" eher an die positiven Seiten denken, gehören doch auch Konflikte dazu. Partnerschaft heißt nicht, Konflikte zu vermeiden, sondern sie produktiv zu lösen. In Fällen wie dem von Birgit, die sich ganz offensichtlich unangemessen verhält, wäre es im Interesse der Kinder tatsächlich falsch, auf das Ansprechen des Problems zu verzichten. Auch Birgit dürfte, falls sie das Wegsperren der Kinder aus bislang nicht hinterfragter Gewohnheit praktiziert, davon profitieren, dass sie mit der Unzufriedenheit der Eltern konfrontiert wird.

Aber wie vorgehen? Die Angst der Mutter, durch Kritik nicht nur ihr Verhältnis zu der Erzieherin Birgit zu belasten, sondern auch das zwischen dieser und ihrem Sohn, ist nicht ganz unbegründet: Immer wieder kommt es im Beziehungsdreieck zwischen Eltern, Erziehern und Kind dazu, dass an sich sachlich gemeinte Kritik hoch emotional aufgefasst wird. Das hat damit zu tun, dass beide Seiten eine individuelle Beziehung zu dem Kind haben, für das sie aus ihrer Sicht das jeweils Beste wollen. Elternkritik scheint dann diese Beziehung infrage zu stellen: „Meint Jakobs Mutter etwa, ich behandele ihr Kind schlecht?"

Sachlich bleiben ist also das Gebot, wenn man Kritik anbringt. Noch wichtiger ist es, bei der betroffenen Erzieherin grundsätzlich erst einmal davon auszugehen, dass diese genau wie Sie mit allem, was sie tut, das Wohl des Kindes anstrebt. „Wir haben das gleiche Ziel – aber über den Weg dahin müssen wir uns verständigen" – so könnte der Leitsatz für jedes kritische Gespräch zwischen Eltern und Pädagogen lauten.

Machen Sie sich sachkundig

- Fragen Sie andere Eltern im Gespräch, ob es ihnen auch so geht, ob sie Ihr „Problem" auch schon wahrgenommen haben – oder ob es sich eher um einen Einzelfall handelt.
- Dabei sollten Sie direkte Gespräche mit anderen Eltern immer Rundmails vorziehen. In geschriebener Form liest sich „Birgit sperrt Kinder aus!" viel bedrohlicher als im persönlichen Gespräch, dann eher als Vermutung formuliert. Schon oft haben E-Mail-Kampagnen der einvernehmlichen Lösung von Konflikten eher geschadet als genützt, weil sie sich von vorneherein als Barrieren zwischen Eltern und Erzieher gestellt haben.
- Machen Sie sich bei vermuteten „Erziehungsfehlern" sachkundig – zum Beispiel mithilfe von Büchern oder Internetseiten von fachlich anerkannten Erziehungsratgebern und Coaches. Fragen Sie die Elternvertretung der Krippe, ob es in der Vergangenheit schon ähnliche Anfragen gab und sammeln Sie hier Erfahrungswerte.

Nicht ohne Wertschätzung

- Wie in jedem Konfliktgespräch ist es zielführend, zunächst die positiven Seiten zu benennen, ehe Sie zum anzusprechenden Problem kommen: „Ich bin grundsätzlich sehr zufrieden mit der Art und Weise, wie Sie meinen Sohn betreuen. Aber eine Sache möchte ich ansprechen …"
- Gehen Sie prinzipiell davon aus, dass die Erzieherin glaubt, im Sinne der Kinder zu handeln, die sie gerne mag und denen sie etwas vermitteln möchte, sei es auch durch unangebrachte Mittel. „Sie behandeln mein Kind schlecht!" – solch ein Satz ist für die meisten Erzieher, die eine intensive Beziehung zu den ihnen anvertrauten Kindern aufgebaut haben, eine Beleidigung. Es ist gut, eine solche Ebene zu vermeiden.

Suchen Sie einen passenden Rahmen

- Die denkbar schlechteste Situation ist es, die Erzieherin schnell beim Abholen auf das Problem anzusprechen, während sie mit tausend anderen Dingen beschäftigt ist, denn dann wird sie sich schnell in die Ecke gedrängt fühlen.
- Schlagen Sie bei ernsteren Problemen vor, das Gespräch in größerer Runde zu führen – etwa im Beisein der Erzieherin einer anderen Gruppe oder der Leiterin, außerdem der Elternsprecherin.
- Hilfreich ist es auch, wenn Sie der Erzieherin die Möglichkeit geben, sich inhaltlich vorzubereiten, indem Sie kurz ankündigen, was genau Sie ansprechen möchten – im Fall Birgit: „Ich möchte über den Umgang mit Konflikten unter den Kindern reden."

Zusammengefasst

1. Fragen Sie andere Eltern in direkten Gesprächen, ob es Ihnen ähnlich geht. Vermeiden Sie Mailkampagnen.

2. Fragen Sie auch die Elternvertretung, ob es in der Vergangenheit schon ähnliche Hinweise gab.

3. Gehen Sie bei der betroffenen Erzieherin grundsätzlich davon aus, dass diese mit allem, was sie tut, das Wohl des Kindes anstrebt.

4. Geben Sie der Erzieherin Zeit, sich inhaltlich vorzubereiten.

5. Bleiben Sie sachlich mit Ihrer Kritik und benennen Sie zunächst auch positive Seiten.

„Sollen wir die Krippe wechseln?"

Auf die Auswahl der richtigen Betreuung für Thea habe ich viel Zeit verwendet, unterschiedliche Homepages studiert und mich mit vielen anderen Eltern unterhalten, was man empfehlen kann. Nachdem wir die Kleine jetzt in unserer Wunschkita untergebracht haben, kam prompt die Ernüchterung: Die pädagogische Arbeit stellt sich als ziemlich mittelmäßig heraus, oft fehlen Erzieher – und ob das Essen wirklich Bio ist, wie es versprochen wurde, weiß der Fuchs … Ich hatte mir Theas Krippenzeit ehrlich gesagt anders vorgestellt – sollten wir konsequent sein und wechseln?

Die optimale Krippe, Kita oder Schule für ein Kind, nach der manches Elternpaar zu suchen scheint, gibt es wahrscheinlich nicht. Die oft verzweifelte Suche danach führt nicht selten zu Enttäuschungen, wenn sich bei der sorgfältig ausgesuchten Krippe plötzlich die ersten Schattenseiten entpuppen. Natürlich wird Sie in dieser Situation der Gedanke überfallen: Habe ich mich falsch entschieden? Und sollte ich meine Entscheidung schnell revidieren und mein Kind ummelden? Einen eindeutigen Ratschlag können wir an dieser Stelle kaum geben, aber einige Entscheidungshilfen – für und wider den Wechsel der Krippe.

Für das Bleiben spricht:

- Wenn Ihr Kind bereits eine Weile die Krippe besucht und ihm die meisten anderen Kinder und Erzieher vertraut und lieb sind, sollten Sie abwägen, ob es nicht schade ist, dieses Vertrauen durch einen Neuanfang in einer neuen Krippe zu gefährden.
- Wenn Sie das Gefühl haben, Ihr Kind verpasse etwas in der bisherigen Einrichtung: Die Krippe ist nur eine von zwei Welten, die das Kind tagtäglich erlebt. Gerade bei Dingen, die Ihnen nicht gefallen, können Sie Alternativen bieten: Was an Angeboten zu fehlen scheint, könnten Sie übernehmen. Auch einer Umgangsweise, die Ihnen missfällt, können Sie mit Ihrer Persönlichkeit

und Ihren eigenen Kontaktformen entgegenhalten. Natürlich hat dieser „Ausgleich“ seine Grenzen, grundsätzlich sollte Ihr Kind mit der Art, wie mit ihm umgegangen wird, gut klarkommen.

- Wenn Sie vermuten, Ihr Kind leide unter der persönlichen Art der Erzieher: Prüfen Sie das nach – und rechnen Sie ein, dass Ihr Kind gut darin sein kann, mit Menschen, die ganz anders sind als Sie, klarzukommen. Auch das Auskommen mit ganz verschiedenartigen Menschen ist ein wichtiges Erziehungsziel – natürlich nur, wenn das Kind nicht darunter leidet.

Für einen Wechsel spricht:

- Wenn Sie ein schlechtes Gewissen oder eine nicht abzubauende Antipathie gegen die Erzieherin oder den Erzieher Ihres Kindes haben: Ihr Kind spürt es, wenn Sie seine Bezugsperson nicht ertragen und wenn Sie darunter leiden, es ihr anzuvertrauen. Die Folge kann sein, dass schon Ihr kleines Kind im Zwiespalt lebt, ob es sich in der eigenen Krippe rundum wohlfühlen darf – oder ob das Ihnen zuliebe nicht geht.
- Wenn das Vertrauen zerstört ist: Nach heftigen Streitereien, deren Ursache nicht beizulegen ist, ist es für beide Seiten schwer, im Sinne des Kindes konstruktiv zusammenzuarbeiten. Weil Ihr Kind es aber braucht, dass Sie und die Erzieher kooperieren, wäre hier ein Wechsel anzuraten.
- Wenn Ihr Kind unter der speziellen Form der Betreuung leidet – und es Alternativen gibt, dann sollten Sie einen Wechsel ins Auge fassen. Es gibt Krippen mit offenen Konzepten, bei denen viele Kleinkinder gemeinsam betreut werden, Kitas mit einem Mix aus Kindern aller Altersstufen von eins bis sechs Jahren – und Häuser, die eher auf feste Gruppen setzen. Beides passt zu unterschiedlichen Kindern unterschiedlich gut, und es kann sein, dass Ihr Kind unter der bisherigen Betreuungsform leidet, anderswo aber aufblüht.

Zusammengefasst

1. Die Krippe ist nur eine von zwei Welten, die das Kind tagtäglich erlebt. Mit Ihrer Persönlichkeit und Ihren eigenen Kontaktformen können Sie entgegenhalten.

2. Ist Ihr Kind schon gut eingelebt, wäre es schade dieses Vertrauen durch einen Neuanfang in einer neuen Krippe zu gefährden.

3. Auch das Auskommen mit ganz verschiedenartigen Menschen ist ein wichtiges Erziehungsziel.

4. Wenn Ihr Kind leidet, sollten Sie einen Wechsel anstreben. Ebenso bei einer starken Antipathie Ihrerseits gegen die Erzieherin oder nach heftigen Streitereien zwischen Ihnen und der Krippe.

Was kann ich für die Krippe tun?

Ich möchte Thilos Krippe gerne unterstützen, denn allzu üppig sind deren Kostensätze ja nicht. Zusammen mit anderen Eltern haben wir überlegt, was wir tun können. Ist es eine gute Idee, einen großen Korb mit unseren ausrangierten Spielzeugen zu spenden? Sollten wir irgendetwas renovieren oder auch was Neues bauen?

Viele Eltern, die zufrieden mit der Betreuungseinrichtung ihres Kindes sind, haben das Bedürfnis, ihre Krippe oder Kita in irgendeiner Form aktiv zu unterstützen. Bei den fast immer knappen Ressourcen begrüßen dies die Institutionen im Allgemeinen sehr, allerdings ist auch hier eine gute Abstimmung vonnöten, damit die Arbeit der Eltern auch wirklich Früchte trägt. Die Kreativität der Eltern ist groß und wir möchten hier einige Arten, auf die Eltern sich einbringen können, vorstellen.

Basteln und Nähen

Vorhänge, die die Krippenräume unterteilen, sie wohnlicher machen, Gebasteltes wie Raschelflaschen oder Einsteckdosen, mit denen kleine Kinder wunderbar spielen können – der Fantasie von Eltern und Erziehern sind hier keine Grenzen gesetzt. Fast immer gibt es unter den Eltern Spezialisten in der einen oder anderen Fertigkeit, und wenn die Zeit und die Bereitschaft vorhanden sind, können solche Projekte das Leben in der Krippe bereichern. Gelegentliche Bastelabende könnten von den Elternvertretern in Absprache mit den Erziehern organisiert werden und dienen auch dem gegenseitigen Kennenlernen.

Handwerkliches

Bei arbeitsaufwendigen Umgestaltungs- und Renovierungsvorhaben kann Ihre Unterstützungsbereitschaft eine große Hilfe sein, etwa wenn ein Raum neu gestrichen oder der Garten umgestaltet werden soll. Eine einvernehmliche vorherige Abstimmung ist dabei wichtig, denn wie der Garten oder der Raum gestaltet und die Wand bemalt sein soll, hängt auch mit den Konzepten zusammen, die die Pädagogen verwirklichen möchten.

Mitwirken im pädagogischen Alltag

Gerne greifen Erzieherinnen auf Ihre Begleitung bei Ausflügen zurück oder freuen sich über Elterndienste in Tagesrandzeiten. Eine regelmäßige Unterstützung der Gruppe im normalen Tagesablauf ist problematischer, weil dann dem Kind des jeweiligen Elternteils automatisch eine Sonderrolle zukommt, die manchmal schwer zu verkraften ist: »Meine Mama ist auf einmal für alle Kinder da!«

Öffentlichkeitsarbeit

Eventuell können Sie Ihre beruflichen Kontakte und Fähigkeiten nutzbringend einbringen, etwa bei der Unterstützung der Öffentlichkeitsarbeit, durch Vermittlung eines Sponsorings, durch Herstellen von Kontakten zu Firmen, die Materialspenden machen oder eine Gruppe zu Besuch einladen können.

Spenden

Geldspenden, egal ob als Einzelspende oder Sammlung vom Förderverein, sind immer gerne gesehen, sorgen sie doch für Extras, die sich das Krippenteam oft wünscht. Der Verwendungszweck der Spende sollte im Vorfeld sorgfältig mit der Krippenleitung abgesprochen werden oder besser noch: möglichst nicht zweckgebunden sein, denn leider gibt es viele Negativbeispiele von großzügig gewährten Spenden etwa für Außenspielgeräte (»Ich spende eine Schaukel«), die nicht zum Gartenkonzept passten, aus Sicherheitsgründen nicht realisierbar waren oder auch erhebliche Folgekosten verursachten. Immer ist es sinnvoll, bei der Leitung anstehende Projekte zu erfragen, bei denen finanzielle Unterstützung sinnvoll ist.

Materialspenden wie im Beispiel von Thilos Mutter sind allerdings mit Vorsicht zu genießen: Tatsächlich können sich viele Kinderkrippen und Kitas vor gut gemeinten Spielzeugspenden kaum retten, die jedoch eher für das heimische Kinderzimmer geeignet sind als für eine Gemeinschaftseinrichtung wie die Krippe. Viele Spielzeuge passen weder zum pädagogischen Konzept noch entsprechen sie den hohen Sicherheitsanforderungen, die an Krippen gestellt werden – zum Beispiel sind Kuscheltiere mit Glasaugen dort nicht erlaubt.

TIPP:

- An Schließtagen gemeinsam eine Betreuung organisieren.
- Gegenseitig Abholvollmachten erteilen, um im Notfall einander beim Abholen beizustehen.
- Einen Kinderkleidungs-Tauschmarkt organisieren – in einer Elterngruppe ist genug Tauschmaterial vorhanden!
- Auch Spielzeuge, vielleicht von älteren Geschwistern, lassen sich auf diese Weise mehrfach verwerten.
- Gegenseitiges Babysitting anbieten.

Zusammengefasst

1. Materialspenden sind für Krippen meistens ungeeignet, da viele Spielzeuge den hohen Sicherheitsanforderungen nicht genügen oder nicht mit dem Konzept übereinstimmen. Geldspenden sind passender.

2. Unterstützung ist aber auch in anderen Formen möglich. Sie können Ihre Fähigkeiten bei Renovierungsarbeiten oder dem Nähen von Vorhängen und anderen Dingen einbringen.

3. Gerne gesehen sind auch Elterndienste in den Randzeiten. Oder Sie bringen Ihre beruflichen Kontakte und Fähigkeiten ein und unterstützen etwa bei der Öffentlichkeitsarbeit.

Elternfreundschaften

Die Elternschaft in der Krippe von Samuel scheint sich prima zu verstehen – jedenfalls treffen sie sich dauernd und machen zusammen Ausflüge. Ich bin eigentlich nicht so geselligkeitsbedürftig und mir fehlt ganz oft auch einfach die Zeit … Muss ich da trotzdem mitmachen, damit Samuel ganz selbstverständlich dazugehört?

Krippen, Kindergärten und Schulen sorgen nicht nur für das Gruppengefühl unter den Kindern, sondern erzeugen oftmals fast automatisch auch ein Gemeinschaftsgefühl bei den Erwachsenen. Schon an der Anredeform wird das deutlich: Unter Eltern kennt man sich vielerorts nur mit Vornamen, duzt sich automatisch, oft auch die Erzieherinnen. Spätestens, wenn die Kinder zueinander soziale Kontakte knüpfen, kommen sich viele Eltern freundschaftlich näher. Es ist naheliegend, dass sich gerade bei jungen Eltern auf diese Weise der Freundeskreis verändert, denn oft kann man mit vorherigen Freunden nun, da Interessen und Gesprächsthemen sich durch das Kind verändert haben, weniger anfangen.

Sollte man sich im Interesse des eigenen Kindes in die Gruppe der anderen Krippeneltern einklinken? Das alleine wäre kaum ein Grund, wenn man nicht von sich aus Interesse spürt. Lohnenswert ist es aber, bei dieser Gemeinschaft nicht ganz außen vor zu sein, wenn es um ganz praktische Interessen geht: Eltern innerhalb einer Krippen- oder Kindergartengruppe, die sich gut verstehen, können füreinander da sein, wenn es etwa um Betreuungsengpässe geht. Es ist gut, mit anderen Eltern gegenseitig die miteinander befreundeten Kinder abholen zu können, um sich an manchen Tagen zu entlasten. Gerade an Schließtagen der Krippe ist es wunderbar, wenn sich die Elternschaft untereinander hilft – zum Beispiel durch eine Staffelbetreuung, bei der jede Stunde ein anderes Elternteil auf eine kleine Gruppe aufpasst.

Von der schlechten Vereinbarkeit von Familie und Beruf sind besonders „schlecht vernetzte“ Eltern betroffen, die nicht auf Freunde oder Familie zurückgreifen können, wenn wieder einmal ein beruflicher Termin mit den Öffnungszeiten der Kita kollidiert. Oft genug berichten anfänglich skeptische Eltern, dass auch für sie nach einer Zeit der Eingewöhnung und der Sondierung, welche Familien zueinander passen, eine Menge Spaß bei den Treffen mit anderen Müttern und Vätern herauskam.

Zusammengefasst

1. Verstehen Sie die Elterngruppe Ihrer Krippe als eine soziale Gemeinschaft, die viel füreinander tun kann.

2. Eltern können füreinander da sein, wenn Betreuungsengpässe entstehen oder an Schließtagen der Krippe.

3. Kinder lassen sich oft lieber von der bekannten Familie eines Krippenkindes abholen als von einem Babysitter.

Ein Wort zum Schluss

Liebe Eltern,

wir hoffen, Ihnen mit unseren Schilderungen die Arbeit und die Eigenheiten der Krippe nähergebracht zu haben. Es liegt in der Natur der Sache »Buch« mit seiner beschränkten Seitenzahl, dass wir nicht auf jedes Detail und jede wissenschaftliche Theorie, die im aktuellen Krippendiskurs eine Rolle spielt, eingehen konnten. Die Kinderbetreuung in Deutschland hat viele Facetten. Es gibt große und kleine, gute und schlechte Krippen. Überall wird die Betreuung der Allerkleinsten ein wenig anders organisiert.

Falls Sie noch auf der Suche nach der richtigen Krippe sind, hoffen wir, dass wir Ihnen mit unserem Überblick ein Gefühl dafür geben konnten, was für Sie persönlich zählt. Es liegt nun an Ihnen, sich von der Qualität der Einrichtungen in Ihrem Wohnumfeld zu überzeugen. Jedes Kind ist anders und gerade deshalb gilt hier wie auch in anderen Lebensbereichen: Jeder braucht das, was zu ihm passt, oder besser gesagt, was im jeweiligen Lebensabschnitt zu ihm passt. Lassen Sie sich also nicht unter Druck setzen.

Und wenn Ihr Kind schon eine Krippe besucht, wünschen wir Ihnen, dass Sie die Krippenzeit Ihres Kindes als eine Bereicherung empfinden können. Und vor allem anderen hoffen wir, dass Ihr Kind zufriedene, harmonische Kleinkindjahre durchlebt. Wie gut sich Ihr Kind entwickelt, hängt am Ende von vielen Faktoren ab, nicht nur davon, ob Sie die richtige Krippe gefunden haben. Jedes Kind folgt seinem ihm eigenen Entwicklungsweg und -tempo manchmal geradlinig und schnell, aber zuweilen auch langsam und auf Irrwegen. Daran kann auch die beste Frühförderung nichts ändern. Es sollte uns Große trösten, dass wir gar nicht so viel falsch machen können, solange wir unser Kind lieben und ihm etwas zutrauen.

Unser Ratschlag am Schluss lautet deshalb auch: Bleiben Sie gelassen!! Kinder brauchen ruhige und zuversichtliche Eltern weit mehr als hippe Betreuungskonzepte oder einen Platz in der angesagtesten Einrichtung im Ort.

Antje Bostelmann und Michael Fink

Die Autoren

Was brauchen Kinder, um zu kreativen und selbstbewussten Erwachsenen heranwachsen zu können? Diese Frage hat beide Autoren dieses Buches immer wieder in ihrer beruflichen Tätigkeit begleitet.

Antje Bostelmann, geboren 1960, gründete als ausgebildete Erzieherin und bildende Künstlerin 1990 eine Kindermalschule, die unter dem Namen Klax schnell bekannt wurde – und heute zu einem überregionalen Bildungsträger mit Krippen, Kindergärten und Schulen in Deutschland und Schweden geworden ist. Über das diesen Einrichtungen zugrunde liegende Konzept der Klax-Pädagogik, das die Potenziale eines Kindes in den Mittelpunkt stellt, hat sie in vielen Büchern geschrieben und auf Vorträgen gesprochen. Als dreifache Mutter und fünffache Großmutter kennt sie die hohen Erwartungen an Krippe, Kindergarten und Schule aus eigener Erfahrung – und weiß als Pädagogin, worauf es ankommt, will man mit den Eltern zusammen für das Kind arbeiten.

Michael Fink, geboren 1967, absolvierte ein künstlerisch-pädagogisches Studium. Auch er kennt beide Seiten der Erziehungspartnerschaft: Als dreifacher Vater hat er einen Kinderladen mitbegründet, Eltern-Kind-Kurse geleitet, mit Kindern künstlerische Projekte durchgeführt und mehrere Erlebnisausstellungen für Kinder und Pädagogen entwickelt. In Weiterbildungen, Büchern und Fachtexten arbeitet er mit Erzieherinnen und Erziehern an der Frage, welche Bedingungen Kinder für eine gute Entwicklung brauchen und wie man Eltern dafür begeistern kann.

Zum Weiterlesen

Jackson, Sonja; Forbes, Ruth:
Kleinkinder. Spielen und Lernen in den ersten drei Lebensjahren.
Das Grundlagenbuch der institutionellen Kleinkindpädagogik

Gopnik, Alison; Meltzoff, Andrew; Kuhl, Patricia:
Forschergeist in Windeln. Wie Ihr Kind die Welt begreift

Juul, Jesper; Lauritsen, Pernille W.:
Frag Jesper Juul – Gespräche mit Eltern: Familiencoaching

Juul, Jesper:
Elterncoaching: Gelassen erziehen

Largo, Remo:
Babyjahre
Kinder verstehen: Born to be wild: Wie die Evolution unsere Kinder prägt

Renz-Polster, Herbert:
Menschenkinder – Plädoyer für eine artgerechte Erziehung

van Dieken, Christel; Löffler, Angela; van Dieken, Julian:
Was Krippenkinder brauchen: Bildung, Erziehung und Betreuung von Kindern unter drei Jahren

Bostelmann, Antje:
Nun zieht Hampelmann seine Kleider an

Bostelmann, Antje:
Spielen mit Kindern unter drei: Aktionstabletts, Versteckdosen und weitere Spiel- und Materialanregungen

Bostelmann, Antje:
Guten Morgen, guten Morgen, wir winken uns zu! Singezeilen für Babys und Krippenkinder

Bostelmann, Antje; Fink, Michael:
Seht mal, was ich kann! Das heuristische Lernen von Kleinkindern

Burley Hofmann, Janell
iRules. Was Eltern über Selfies, Sexting und Gaming wissen müssen

Notizen

Notizen

Notizen

Notizen

Notizen

Notizen

Notizen

Notizen

Notizen

Notizen

Notizen